Gakken

[きめる！共通テスト]

英語リスニング
English Listening

監修＝安河内哲也（東進ハイスクール）

introduction

はじめに

　私は学生の時、リスニングが大変苦手でした。「たくさん聞いていれば自然に聞こえるようになるよ」というアドバイスに従って、英語を聞き続けたものの、いくらやっても聞こえるようになりませんでした。

　行き詰まった挙げ句、耳の改造計画を実行し、最初はさんざんだったさまざまな資格試験のリスニングテストで、満点が取れるまでになりました。

　本書では、リスニングが苦手な人でも、一定の訓練を通して耳を改造することができるトレーニングを紹介します。文法や作文と同じように、リスニングにも、きちんと努力すればできるようになる一定の方法はあるのです。

　この方法でやれば、英語を聞き取る力をしっかりと育てることができます。また、方法自体は共通テストにとどまらず、将来にわたって役に立つものです。

　リスニング学習と読解の学習は大きな相乗効果を引き起こします。リスニングの学習は最高の「速読訓練」でもありますから、リスニングをしっかりと学習すれば、リーディング部分の問題処理能力も、大きく伸ばすことができます。

　そういう意味では、志望大学がリスニング試験の得点を考慮するかどうかにかかわらず、リスニングの学習をしておけば、リーディング試験においても得点を伸ばすことができ、優位に立てることは間違いありません。

　逆に試験に必要ないからといって、リスニング学習を怠ると、英文速読力や言語に対する反射神経において、リスニングを学習した学生に大きく立ち遅れてしまいます。

　結局、誰もがリスニング学習を行い、バランスよく正しい外国語学習をしなければならないということは、歓迎すべきことですね。本書でリスニング力・読解力の両方を高める直読直解トレーニングを学び、どんな入試問題にも対応できる、バランスのよい英語力を身につけていきましょう。

安河内 哲也

how to use this book
本書の特長と使い方

1 巻頭特集で共通テストを知る

まずは、共通テストがどのような試験なのか、ざっくりと確認しましょう。

2 リスニングに必要なコツを基礎から学習（CHAPTER 1）

トレーニングを始める前に、日本人が苦手とする英語の発音と、その理由について学習します。英語が聞けるようになるコツ、学習法のしくみやポイントをつかめます。

3 共通テストの詳しい傾向と対策を知る（CHAPTER 2）

共通テストのプレテストを使って大問ごとに問題の傾向を知り、対策方法を学びます。

4 予想問題にトライ（CHAPTER 3）

予想問題に挑戦してみましょう。各問題の分析と攻略法、試験直前の心得などもついているので、本番直前まで役立ちます。

5 取り外し可能な別冊単語＆フレーズ集で、いつでもチェックできる

発音を間違いやすい英単語や、リスニングの会話でよく出てくるフレーズを別冊にまとめてあります。取り外して持ち歩けるので、あいた時間などにこまめにチェックできます。

contents
もくじ

はじめに ……………………………………………………………… 002

本書の特長と使い方 …………………………………………… 003

共通テストになってリスニングはこう変わる！ 006

CHAPTER | 1 | まずはリスニングの正しい学習法を知ろう

SECTION 1　効果的なリスニングの学習法とは？ ………… 016

SECTION 2　トレーニングの前に押さえておきたい５つのポイント ……………………………………………………………… 018

SECTION 3　「意味的条件」をクリアするための３つのトレーニング ……………………………………………………………… 021

SECTION 4　「聴覚的条件」をクリアするための３つのトレーニング ……………………………………………………………… 023

SECTION 5　これが聞き取れない原因？　英語音声の６つの特徴を知ろう！ ……………………………………………… 026

SECTION 6　発音記号を学んで「英語の耳」に近づこう！… 030

SECTION 7　入試に頻出！　英語の数の言い方に慣れておこう！ ……………………………………………………………… 034

CHAPTER | 2 | プレテストの問題を解いてみよう

SECTION 1　共通テストリスニングの傾向と対策 ………… 038

SECTION 2　第１問A ……………………………………………… 039

SECTION 3　第１問B ……………………………………………… 045

SECTION 4	第2問 ······ 051
SECTION 5	第3問 ······ 060
SECTION 6	第4問A ······ 067
SECTION 7	第4問B ······ 072
SECTION 8	第5問 ······ 076
SECTION 9	第6問A ······ 085
SECTION 10	第6問B ······ 090

CHAPTER | 3 | 予想問題にチャレンジしよう

SECTION 1	テスト本番で差がつく5つの心がまえ ······ 098
SECTION 2	第1問 ······ 100
SECTION 3	第2問 ······ 105
SECTION 4	第3問 ······ 109
SECTION 5	第4問 ······ 111
SECTION 6	第5問 ······ 114
SECTION 7	第6問 ······ 117
SECTION 8	第1問　解答と解説 ······ 120
SECTION 9	第2問　解答と解説 ······ 124
SECTION 10	第3問　解答と解説 ······ 128
SECTION 11	第4問　解答と解説 ······ 132
SECTION 12	第5問　解答と解説 ······ 136
SECTION 13	第6問　解答と解説 ······ 141

別冊 | 間違いやすいカタカナ英語 BEST 100 ＆重要会話表現 BEST 100

SECTION 1	間違いやすいカタカナ英語 BEST 100 ······ 002
SECTION 2	重要会話表現 BEST 100 ······ 006

巻頭特集

共通テストになって
リスニングはこう変わる！

センター試験に代わる共通テストとは？

　2021年1月よりセンター試験に代わり、大学入学共通テストが実施されます。共通テストの作問を担当する大学入試センターによれば、共通テストの目的は「高校教育を通じて、大学教育の基礎力となる知識及び技能や思考力、判断力、表現力がどの程度身についたかを問う」こと。従来のセンター試験で求められていた知識や技能に加え、自ら考えて物事を判断し、自分の意見を表現する「思考力」「判断力」「表現力」が試されるのが共通テストです。センター試験を社会のニーズに合わせてバージョンアップした試験が共通テストだと考えましょう。

　共通テストではいったいどんな問題が出題されるのでしょうか。大学入試センターは、「高等学校学習指導要領に基づく学習範囲の中から出題」すると発表しています。高校で学ぶ範囲からの出題となるため、必要とされる知識は従来のセンター試験と変わりませんが、焦点となるのは教育改革のキーワードでもある「思考力」「判断力」「表現力」がどのように試されるのかという点です。

　共通テストに先駆けて2017年と2018年に実施されたプレテスト（試行調査）では、リスニングとリーディングを通して、「要点をまとめる」「意見の相違を判断する」「話を聞いてタスクを完成させる」といった思考力と判断力を問う問題が多数出題されています。実際の共通テストでも同様と考えられますので、そこはセンター試験からバージョンアップした部分といえるでしょう。

　また、高等学校の新学習指導要領は「外国語の音声や語彙、表現、言語の働きなどの知識を、実際のコミュニケーションにおいて、目的や場面、状況などに応じて活用できる技能を身につける」ことを目標に掲げているため、リスニング問題でも学校生活や家庭での暮らし、生活における社会との関わりなど、高校生にとって身近なトピックスに基づく問題が多くなると予想されます。日頃からそうした話題を英語で聞くことに慣れておくとよいでしょう。

そのほか、センター試験との具体的な違いについては後述します。

多様化・国際化する社会に対応できるグローバルな人材の育成を目指して進められている英語教育改革。実践的なコミュニケーション力を身につけるため、従来の「読む」「聞く」だけでなく「話す」「書く」も含めた英語4技能を総合的に学習することが望まれ、私大入試などでは民間英語試験を活用して4技能を評価する動きがすでに広がりつつあります。共通テストにおいても、当初は2020年度（2021年1月）から民間英語試験を活用して4技能評価を取り入れる予定でしたが、これは2024年度以降に延期されることになりました。とはいえ、スピーキングやライティングは無視していいということではありません。入試の先も見据えて、本当に使える英語力を身につけたいなら、この4技能を意識した学習が不可欠です。

大学入学共通テストの概要
- 2021年より毎年1月中旬に実施
- 試験時間：リーディング80分／リスニング30分
- 配点：リーディング100点／リスニング100点
- 問題はCEFR*（セファール：ヨーロッパ言語共通参照枠）のA1、A2、B1レベルで構成
- 思考力や判断力が試される問題が出題される

*CEFRはCommon European Framework of Reference for Languagesの略

共通テストで求められるリスニング力とは？

共通テストでは、CEFRの基準に合わせて問題が作成されることが大学入試センターから発表されています。CEFRとは、多言語が混在するヨーロッパ諸国で広く活用される外国語の習熟度を測る指標で、初級から上級までA1、A2、B1、B2、C1、C2の6段階評価になっており、A1、A2を「基礎段階の言語使用者」、B1、B2を「自立した言語利用者」、C1、C2を「熟練した言語利用者」と位置づけています。共通テストではそのうちA1〜B1に準じた問題が出題されます。つまり、共通テストで求められるリスニング力はCEFRのA1〜B1レベルといえるわけです。大学入試センターの発表資料をもとに、それぞれのレベルが示すリスニング力と具体的なチェックポイントを見ていきましょう。

☑ A1レベル

はっきりゆっくり話してもらえれば、自分や家族などの身近で具体的なものに関する聞き慣れた語や、ごく基本的な表現を聞き取れる。

チェックポイント
- 日付、時刻、単位などを聞き取り、把握できる。
- 挨拶や簡単な指示などを聞いて、話し手の意図を汲み取れる。
- 友人や家族、学校生活などの身近な事柄に関する平易で短い説明や会話文を聞き、その概要や要点、必要な情報を把握できる。

☑ A2レベル

ごく基本的な個人情報や家族情報、直接的に関係する領域（買い物、地元の地理、仕事など）に関して、英文やよく使われる表現が理解できる。身近な日常の事柄について、短くはっきりとしたメッセージやアナウンスの要点を聞き取れる。

チェックポイント
- 店や公共交通機関など、日常生活で行く場における簡単なアナウンスや指示・説明を聞き取り、意図を把握できる。
- 友人からの招待など、簡単で短い個人的なメッセージを聞き、意図を把握することができる。
- 友人、家族、学校生活などの身近な事柄に関する簡単な会話から、概要や要点、必要な情報を把握することができる。

☑ B1レベル

標準的な話し方で語られる仕事、学校、娯楽などの身近な話題について、主なポイントを理解できる。比較的ゆっくり、はっきりした話し方であれば、時事問題や個人または仕事上の話題についてのラジオやテレビ番組の要点が理解できる。

> **チェックポイント**
> - 身近な話題やなじみのある社会的な話題について、短い簡単な説明から必要な情報を聞き取ったり、意図を理解したり、複数の情報を比較して判断したりすることができる。
> - 身近な話題やなじみのある社会的な話題を扱うニュースや講義、会話や議論などを聞いて、必要な情報を把握したり、複数の情報を比較して判断したりできる。
> - 身近な話題やなじみのある社会的な話題についての議論や会話を聞き、各話者の発言の要点を整理して比較・判断ができる。

　A1、A2、B1の違いを、例を挙げてわかりやすく比較すると、外国人観光客の話を聞いて、はっきりゆっくり話してもらえれば名前やどこの国から来たか、いつまで滞在するかなど、基本的な情報が聞き取れるのがA1レベル。はっきりと簡潔に伝えてくれれば、どの場所をどういう交通手段を使って観光するかなどの簡単な旅程を聞き取れるのがA2レベル。比較的ゆっくりで明瞭な話し方なら、なぜその場所を観光することにしたかなど、より深い内容を聞き取れるのがB1レベルです。どのレベルも専門的な事柄ではなく、学校や日常生活、話題の時事問題など、なじみのあるトピックスより出題されますので、普段から身近なトピックスに関する英語に積極的に触れるよう心がけましょう。

センター試験と共通テストはどこが違う？

　センター試験と共通テストは具体的にどのような点が異なるのでしょうか。まず、最も大きな違いとして挙げられるのが試験の点数配分です。センター試験ではリーディングが200点、リスニングが50点だったのに対し、共通テストではリーディング、リスニングともに100点となります。センター試験で20%に過ぎなかったリスニングの配点割合が、共通テストでは50%に上昇するということです。

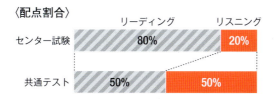

次に大きな変更点は 問題数や解答数が増える ことです。リスニングの試験時間は30分で変わりませんが、問題数はセンター試験では大問が4問だったのに対し、第2回のプレテストでは6問に増加しました。問題の傾向としては、同じ選択肢を2回以上使ってもよい問題（右ページ参照）や聞いた内容を要約して正解を導き出す問題など、思考力が試される内容が目立ち、解答数も25から37へと大幅に増えています。

　また、センター試験ではすべての問題が2回ずつ読み上げられていましたが、共通テストでは1回しか読み上げられない問題が含まれる予定 です。1回読みの問題にも慣れておく必要があります。

　読み手のアクセントも国際色豊かになる予定です。センター試験ではアメリカ英語のみが使用されていましたが、共通テストでは場面に応じてイギリス英語なども使用 されます。プレテストにおいても、アメリカ英語やイギリス英語、日本人が話す英語など、多様な英語が登場しました。多様化が進む現実の社会ではアメリカ人、イギリス人などのネイティブスピーカーだけでなく、非英語圏の人々が英語を話すことも一般的です。共通テストにおける話し手の多様化は、社会のニーズを反映したユニークな変更といえるでしょう。

　2018年に実施された第2回プレテストを参考に、リスニングテストについてセンター試験との違いを比較したのが下記の表です。

〈センター試験と共通テストのリスニングテストの比較〉

	センター試験	共通テスト （第2回プレテスト）
配点	50点	100点
解答時間	30分	30分
大問数	4問	6問
解答数	25	37
ページ数	15ページ（2020年）	27ページ
読み上げ回数	全て2回	第1問〜第3問は2回 第4問〜第6問は1回
解答形式	一問一答	一問一答と複数選択の混合

〈同じ選択肢を2回以上使ってもよい問題の例〉

第2回プレテスト　第4問A　問2

　あなたは海外インターンシップで旅行代理店の手伝いをしています。ツアー料金についての説明を聞き, 下の表の四つの空欄 20 ～ 23 にあてはめるのに最も適切なものを, 五つの選択肢(①～⑤)のうちから一つずつ選びなさい。選択肢は2回以上使ってもかまいません。

① $50　　② $70　　③ $100　　④ $150　　⑤ $200

Tour		Time (minutes)	Price
Hiking	Course A	30	20
	Course B	80	21
Picnicking	Course C	60	
	Course D	90	22
Mountain Climbing	Course E	120	23
	Course F	300	

「聞き取る力」プラスアルファが問われる問題へ

センター試験とプレテストでは配点や問題数だけでなく、問題の傾向も変わっています。顕著なのはイラストや図表などを使った問題（右ページ参照）が増加していることです。リスニングで聞いた内容に図や表から得た情報を組み合わせて考える問題、想像する問題、分析する問題などが多く出題されています。2020年1月に実施されたセンター試験と比較すると、センター試験ではイラストや図表を使った問題は5問のみ。一方、第2回のプレテストでは20問近く出題されています。

リスニング問題の中で文法の知識が試される問題も新たに登場。時制の知識がないと解けない問題など、リスニング力とともに文法力を問う問題が一部含まれています。このように、漫然と聞くだけでは正解が導き出せない骨のある問題が多くなりそうです。

配点や問題数が増えた上に、文法力や思考力なども試されるというと、急に試験のハードルが上がったようにも感じられますが、出題意図や問題の難易度、問題のタイプがあらかじめ公表されているのも共通テストの特徴です。つまり、どんなレベルのどんな問題が出題されるのかがわかっているため、考え方によっては対策がしやすいテストでもあるのです。あとは試験に合わせてリスニング力をできる限り高めていくだけ。共通テストの傾向をしっかりとつかみ取り、効果的なトレーニングを続ければ、リスニングテストは攻略可能です。

このあとのCHAPTER 1では、共通テスト対策はもちろん、生涯にわたって役に立つ本物のリスニング力が身につく最強の学習法をご紹介します。

共通テストのリスニングテストの傾向
- 生徒の身近な暮らしや社会に関わるトピックスから出題される。
- アメリカ英語だけでなく、多様なアクセントの現代英語が使用される。
- 読み上げ回数が2回の問題と1回のみの問題がある。
- 長文の内容を要約したり判別したりする問題が出る。
- 出来事の順序や状況を問う問題がある。
- イラストや図表を使用した問題が多数出る。
- リスニング力とともに文法力も試される問題がある。

〈イラストを使った問題の例〉

第2回プレテスト　第4問A　問1

女の子がペットの猫（サクラ）について話しています。話を聞き，その内容を表したイラスト（①〜④）を，聞こえてくる順番に並べなさい。

16 → 17 → 18 → 19

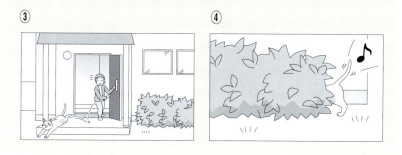

〈第2回プレテストでのイラストや図表を使った問題〉※赤く示したもの

問題形式			難易度	配点
問1	A	英文選択問題 短文を聞いて、その内容に最も近い英文を選ぶ	(1) A1 (2) A1 (3) A1 (4) A1	各3点
	B	イラスト選択問題 短文を聞いて、その内容に最も近いイラストを選ぶ	(5) A2 (6) A1 (7) A2	各4点
問2		イラスト問題 対話を聞いて、問いの答えとして適切なイラストやイラスト内の一部分を選ぶ	(8) A1 (9) A1 (10) A2 (11) A2	各3点
問3		英文選択問題 対話を聞いて、問いの答えとして適切な英文を選ぶ	(12) A1 (13) A1 (14) A2 (15) A2	各4点
問4	A	イラスト・図表問題 英文を聞いて、イラストを並べ替えたり、表の空欄を埋めて完成させたりする	(16〜19) A2	4点（全問正解）
			(20) B1 (21) B1 (22) B1 (23) B1	各1点
	B	表活用問題 複数の情報を聞いて、示された条件に最も合った選択肢を選ぶ	(24) B1	4点
問5		図表問題 英文の講義を聞いてワークシートを完成させたり、講義内容に合った英文を選んだりする	(25) B1	4点
			(26〜28) B1	4点（全問正解）
			(29〜31) B1	4点（全問正解）
			(32) B1	4点
			(33) B1	4点
問6	A	英文選択問題 長めの対話を聞き、それぞれの人の発言の要点として適切なものを選ぶ	(34) B1 (35) B1	各4点
	B	人物・図表選択問題 複数の意見を聞き、問いの答えとして適切なものを選ぶ	(36) B1 (37) B1	各4点

CHAPTER 1

まずはリスニングの正しい学習法を知ろう

SECTION

1　効果的なリスニングの学習法とは？ 016
2　トレーニングの前に押さえておきたい5つのポイント 018
3　「意味的条件」をクリアするための3つのトレーニング 021
4　「聴覚的条件」をクリアするための3つのトレーニング 023
5　これが聞き取れない原因？　英語音声の6つの特徴を知ろう！ 026
6　発音記号を学んで「英語の耳」に近づこう！ 030
7　入試に頻出！　英語の数の言い方に慣れておこう！ 034

CHAPTER 1 まずはリスニングの正しい学習法を知ろう

SECTION 1

効果的なリスニングの学習法とは？

　新学習指導要領への移行を踏まえ、学校の英語教育も徐々に変化してきていますが、まだまだ読み書きを中心とした勉強をしている人が多いのではないでしょうか。高校生の皆さんも、中学生の頃から英単語や文法を覚える勉強方法に慣れていたのに、いきなり「リスニング」と言われてもどのように対策を立てていけばよいのかピンとこないと思います。問題をたくさん解けばよいのか、シャワーのように英語を聞き続ければよいのか……など、どうやって勉強すればよいのか、悩んでしまいますよね。

　何を隠そう、私もそのような「リスニング難民」の1人でした。私が大学受験をしたのは、ずっとずっと昔の話で、その頃の高校や予備校にはリスニングの授業はほとんどありませんでした。

　私は外国語学部を志望していたので、その当時には珍しく大学受験にリスニングテストがありました。しかし、手探りの勉強では歯が立たず、ほとんど全滅状態でした。記述と面接で（？）点を稼いでなんとか英語学科に入学したあとも、英語で話される授業内容が全く聞き取れずに苦労したものです。イライラが募って英語の勉強なんかやめてしまいたいと思ったことも一度や二度ではありません。

　高校生の皆さんよりも数年遅れて、こんなことじゃダメだと奮起したのは大学2年生のとき。そこから私のリスニングとの格闘が始まります。自分を実験台にしてさまざまな方法を試し、「耳の穴を開く」までの道のりは楽なものではありませんでした。しかし、そのおかげで普通の日本人がどうすれば英語が聞けるようになるのかを、身をもって知ることができました。

　実際の英文を使ったトレーニングに入る前に、まずは正しいリスニングの学習法を理解することから始めましょう。

英語が聞けるようになるための2つの条件

　長い試行錯誤の末に私がたどり着いたリスニングの秘訣。それは、英語が聞けるようになるには2つの条件があるということです。

　例えば、I'm an entrepreneur.（私は起業家です。）という英語が読まれたとしましょう。この英語を理解するためには①意味がわかる、②発音できる、の2つの条件をクリアしなくてなりません。

　1つ目の条件「意味がわかる」とは、その英語を知っている、つまり読んでわかるということです。読んで意味がわからない英語は、耳で聞いてもわかるはずはありませんよね。「知らない英語は聞こえない」のです。さらに、読む場合とは違い、英語を耳で聞く場合には、後ろから前の言葉に戻ったり、日本語に訳して考えたりする時間もないわけですから、「直読直解（直聴直解）」という英語を読んだ語順のまま理解するスキルが必要になります。この条件反射のような読解力を身につけるためには、やはりトレーニングが必要です。英語を読んでわかること、そして直読直解できることを、ここでは英語の「意味的条件」とします。

　2つ目の条件は、少し意外かもしれませんが、「正しく発音できる」ということです。上の英語をあえてカタカナで表記すると「アイマン　オントラプラニュゥァ」のようになりますが、entrepreneurの発音を「エントレプレネウ」のように、ローマ字読みで間違って記憶していると、聞こえる音と自分が思っている音声が違うわけですから、何度聞いてもその英語を認識することができません。また、I'm an を「アイム　アン」というように、ローマ字読みで日本語の五十音に当てはめるような読み方を続けていると、英語特有の音のつながりを聞き取ることはできません。こうした英語の正しい発音と音のつながりを認識して聞き取れるスキルを、ここでは「聴覚的条件」とします。

　「意味的条件」と「聴覚的条件」の両方を満たして初めて、英語が聞き取れるのです。それでは、私が長年のリスニング学習で実際に活用した英語耳をつくる、鉄板のトレーニング法をご紹介します。

CHAPTER

1

まずはリスニングの正しい学習法を知ろう

CHAPTER **1** まずはリスニングの正しい学習法を知ろう

SECTION **2**

トレーニングの前に押さえておきたい5つのポイント

「意味的条件」をクリアするためには、英文を後ろから前に訳すのではなく、英語の語順のまま意味を理解する「直読直解（直聴直解）」の練習が必要です。「直読直解」をすることは英語を聞き取る力はもちろん、読解能力を伸ばすことにもつながります。

「直読直解」の効果的なトレーニング法として、リピーティング、オーバーラッピング、シャドウイングと呼ばれる「音声活動」があります（それぞれのやり方は後述します）。「音声活動」は英語の4技能の土台となる大切なトレーニングです。ネイティブの発音を聞き、その意味を考えながら発音をまねる練習をすることで、英語の言語処理能力が高まり、英語をまるで日本語と同じように理解できるようになります。

ただ、やみくもに「音声活動」の訓練を重ねても効率的とはいえません。「音声活動」にはちょっとしたコツがあります。同じものを何度も聞くこと、英文をたくさん音読すること、聞こえたことから意味を推測することなどです。いくつかは「聴覚的条件」をクリアするためにも役立ちます。トレーニングを始める前に以下の5つのポイントを押さえておきましょう。

> **チェックポイント**
>
> ❶ 同じものを何度も聞こう！
>
> あせらずに、同じものを何度も何度も聞くことが、実はリスニング上達への近道。ただ単に聞き流すのではなく、スクリプトを読んで内容を理解しながら、じっくり「英語耳」を育てましょう。日本語の音声体系で固まった私たちの耳では、1回や2回聞き流したくらいで、自然に耳が英語を認識するようになるはずがあり

018

ません。内容を理解した英文をしつこく聞き、英語特有の発音を耳に「刷り込む」ことが、特に初心者には大切です。

❷ 直読直解で意味をつかもう！

英語が目から入るか、耳から入るかというだけで、英文を読んでわかる原理と、リスニングでわかる原理は実は同じ。ただし、リスニングでは、後ろから戻って聞き直したり、止まってじっくり考えたりできないので、普段から英文を読むときに「音読訓練」で直読直解の練習をするようにしましょう。

繰り返しますが、直読直解とは「英語を英語の語順のまま、直接理解する」ことです。英文を読むとき、音読しながら、同時に英語語順のまま意味がわかるようにするという練習をすれば、読解力とリスニング力の両方が飛躍的にアップします。

❸ 聞き取るために英文をたくさん音読しよう！

発音を知らない単語は、もちろん耳で認識することもできません。音読するときには、ネイティブスピーカーの発音をまねして徹底リピート。ネイティブスピーカーの発する音と同じ音が自分の口から出せるようになるまで練習しましょう。英語特有のイントネーションもネイティブスピーカーになりきってノリノリで。

例えば、日本語の「ア」に似ている英語の発音は、[æ][ɑ][ʌ][ə]などがありますが、これらを区別して発音できないのに、聞き分けられることはありません。「英語の発音力」は「英語を聞き取る能力」と比例するのです。これまであまり発音を意識しなかった人も、リスニングの勉強をするからには、少しずつ発音記号を覚え、英語の発声を学んでいきましょう。

❹ 日本語の発音を捨ててみよう！

　私たち日本人は、どうしても「アイウエオ」などの日本語の発音やローマ字読みに強引に当てはめて、英語を発音しようとする傾向があります。しかし、大げさな言い方をすれば、英語の音声はすべて日本語とは違っていると言ってもいいでしょう。難しいことですが、英語を発音する際には、日本語の感覚と羞恥心を捨てて、赤ちゃんになった気持ちで聞こえた音をまねる訓練をすることです。腹式呼吸でカッコをつけて、ネイティブスピーカーになりきって発音してみましょう。

❺ 聞こえたことから推測しよう！

　残念ながら、レベルによってはどうしても聞き取れない部分が出てくることがありますが、このことを過度に心配するのはよくありません。私自身も遅くスタートしたので、早口のおしゃべりなどでは、さらっと話されてしまう単語など、どうしても聞き取れない部分が出てきます。しかし、そのように強く発音されないあいまいな部分は、正確に聞こえなくても前後の話のつながりを考えれば、たいてい理解できます。

　大切なのは、多少聞こえなくても、動揺してパニックに陥ることなく、全体の内容から知識・常識を駆使して推測力を働かせることなのです。

| CHAPTER | 1 | まずはリスニングの正しい学習法を知ろう |

| SECTION 3 | 「意味的条件」をクリアする ための3つのトレーニング |

「音声活動」のポイントを頭に入れたら、いよいよ最強のトレーニングの開始です。「直読直解（直聴直解）」できる英語脳を目指して、**リピーティング、オーバーラッピング、シャドウイング**の3つのトレーニングで「**意味的条件**」をクリアしましょう。

❶ リピーティング

聞いた英語をまねして何度もリピートする練習は、英語の「**音声活動**」の基本。同じ英文を何度も何度も繰り返し聞き、**チャンク（ひとかたまり、短いフレーズ）ごとに、またはセンテンスごとに音を止めてリピート**します。1つ1つの英語の発音を丁寧に聞いて、自分の間違ったイントネーションやアクセントを矯正しながら繰り返し発音をまねしてみましょう。最終的には英文テキストなしで、スラスラとリピーティングできるようになるのが目標です。

リピーティングで大切なのは、ただまねて言うだけでなく、意味を考えながら発音すること。リピートするごとにどれぐらい英語が理解できたかを意識しながら繰り返しトレーニングを重ねましょう。

● チャンクごとのリピートの例

This is Rhonda James, / and here is today's weather. / Expect partly cloudy skies / this morning / that will clear up / by the late afternoon.

● センテンスごとのリピートの例

This is Rhonda James, and here is today's weather. / Expect partly cloudy skies this morning that will clear up by the late afternoon.

※ /で区切ってリピートする。

② オーバーラッピング

英文を見ながら**ネイティブの音声に合わせて一緒に音読**する勉強法。歌詞カードを見ながら歌の練習をするのと同じ方法で、英語のテキストを見ながら発話のトレーニングをします。初めはオーディオの再生速度を少し遅めにして、個々の語句の発音だけでなく、**英語独特のイントネーション**などにも**注意**しながら練習を始めましょう。

慣れてきたらだんだんと自然な英語の速度にまで再生速度を戻していきます。何度もオーバーラッピングのトレーニングを重ねることで、英語から日本語へ変換して考える癖がなくなり、**英語を英語のままでとらえる力**が鍛えられます。また、英語独特のリズム感や言葉の間の取り方なども自然に身につきます。

③ シャドウイング

オーバーラッピングの上級者版がシャドウイング。**英文を見ずにネイティブの音声を聞き、一拍遅れで続きます。**自分で発音しながら次に流れてくるネイティブの英語を聞くため、同時通訳のような高度なスキルが求められます。リスニングの初級者がいきなりシャドウイングにチャレンジするのは難しいので、**リーディングやオーバーラッピングで十分に聞き取る力を高めてから**取り組みましょう。難しいトレーニングなので、すぐにできなくても心配する必要はありません。少しずつできるようになっていきましょう。

| CHAPTER | 1 | まずはリスニングの正しい学習法を知ろう |

SECTION 4

「聴覚的条件」をクリアするための3つのトレーニング

　正しく英語を発音するためには、耳を鍛えて音を聞き取るトレーニングが欠かせません。聞き取れなければ、当然きちんと発音できません。逆に言えば、きちんと発音できる英語は自分の中でしっかりと認識できるため、リスニングでもその英語を聞き逃すことはなくなります。正しい発音を知っていれば、英語は自然と耳に入ってくるのです。

　「聴覚的条件」をクリアするには、精聴と多聴のトレーニングが効果的です。この2つの学習に加え、ノートテイキングのスキルを身につければ、共通テストの攻略にも大いに役立つはずです。

　精聴とは、読解学習の精読と同じようにじっくりと丁寧に英語を聞き取る練習で、英語の初～中級者におすすめのトレーニングです。一方、多聴はたくさんの英語を聞いて内容を把握する上級者向けのトレーニングです。

　私がまだ初～中級者だった頃、米軍放送をかけっぱなしにして多聴にチャレンジしたのですが、先に述べたような意味的・聴覚的理由で、何か月続けても聞けるようになる実感が得られませんでした。しかし、段階的に「直読直解」や精聴のトレーニングを繰り返したところ、みるみる英語が聞こえるようになったのです。

　精聴のトレーニングは英語が聞こえる耳づくりへの突破口を開く大切な学習です。英文を繰り返し何度も聞いたり言ったりして耳と口に刷り込むことで、初めは雑音にしか聞こえなかった英語の中に、だんだんと認識できる英単語やフレーズが出現し始めます。英語のニュース番組が半分以上わかるようになってくれば、共通テストのリスニング試験にも十分に対応できる力が身についていることでしょう。

❶ 精聴力が鍛えられるディクテーション

　流れてくる英文を一語一句逃さずに正確に聞き取る精聴の力を鍛えるには、ディクテーションが最適です。ディクテーションとは英文の音声を聞きながら、聞こえたとおりに英文を書き取るトレーニング。何度も繰り返し英文を聞いて、聞き取れなかった部分を埋めていきましょう。どうしても聞き取れない部分は、あなたの「意味的条件」か「聴覚的条件」を満たしていない英語なのです。その英語自体を知らないから聞き取れないのか、正しい発音を知らないから聞き取れないのか、英語が聞こえない原因を特定して解決していくことで、発音や聞き取りの力がつくだけでなく、語彙力の強化にもつながります。まずは短く簡単な課題から始め、最終的には英語のニュースが書き取れるレベルを目指しましょう。

❷ 多聴力が鍛えられるスキャニング

　多聴とはとにかく多くの英文を聞くこと。ただしBGMのようにただぼーっと聞き流すだけでは効果はありません。自分にとって少しだけ簡単な英文を選んで、聞きながら内容の骨子をつかむスキャニングという学習法を行います。英文を聞きながら誰が何の目的で、どういうことを話しているのかなど、英文の概要を理解するために必要な内容をつまみ出していきます。例えば、英語のニュースを聞く際は、Who（誰が）When（いつ）Where（どこで）What（何を）Why（なぜ）How（どのように）という5W1Hを意識しながら聞くように心がけると、重要ポイントを聞き取る練習ができます。

　リスニングテストには、細かい部分の理解を必要とする問題と、全体を把握して解答を導き出す問題がありますが、スキャニングの力は特に長文を要約したり分析したりする問題を解く際に有効です。こうした問題に取り組むときには、必ず設問を先に読むようにしましょう。設問を読み、どんな答えが求められているかを把握した上で、英文をスキャニングすると、解答に必要な情報を正確にピックアッ

プすることができます。現代は多聴力を鍛えるための英語はインターネット上にたくさんあふれていますから、いろいろな英語にどんどん触れておきましょう。

❸ ノートテイキング

ノートテイキングは、リスニングをしながら**重要だと思うことを英語で書き留めておく技術**です。スキャニングと同様にまずは設問に目を通して、これから聞く英文に関する事前情報をできるだけ仕入れます。ノートテイキングのコツは、聞いたことを細かくメモするのではなく、解答に必要なキーポイントのみを書き出すようにすることです。設問に関連する**数や固有名詞、物事の順番**など、大切だと思う情報を数字や単語などで簡潔に書き留めます。要点やキーワードをメモする技術は、長文のリスニング問題を攻略する際に非常に役立ちます。

また、ノートテイキングの技術は、試験を突破したあとの**大学での授業や、留学したときの学習スキルとしても重宝**しますので、ぜひ受験の前に身につけておきましょう。

| CHAPTER | 1 | まずはリスニングの正しい学習法を知ろう |

| SECTION | 5 |

これが聞き取れない原因？
英語音声の6つの特徴を知ろう！

英語には、日本人にはあまりなじみがない**英語特有の音声の特徴**があります。音がつながったり、消えたり、変化したりするというものです。こうした特徴は読み書きの学習だけでは慣れることができません。英語の音声の特徴をしっかりと理解して、リスニングのトレーニングを積むことで、今まで聞き取れなかった英文や語句がわかるようになります。

では、日本人がリスニングでつまずきやすい、英語の音声の6つのポイントを説明します。

❶ 子音止め

日本語の言葉は母音で終わります。一方、**英語ではほとんどの単語は子音で終わります**。日本語の五十音の発音に当てはめようとするあまり、英単語の発音が母音止めになってしまわないように注意する必要があります。

例えば、日本人がcatという単語を言う場合、[kyatto]のように最後に[o]という母音をつけて発音してしまいがちですが、実際には [t]という子音で終わるのが正しい発音です。この子音の発音と聞き取りは、私たち日本人に共通する弱点なので、意識して矯正していきましょう。

> **例**
> cat　×キャット　○ケァッ（ト）

❷ つながる音（リエゾン）

英語ではよく、前の単語の語尾の子音と、次の単語の先頭（語頭）

の母音がくっついてしまいます。

例えば、You can make it. という文では、makeの語尾の ［k］ という音とitの語頭の ［i］ がくっついて「メイキッ（ト）」のように聞こえます。

このように、前の語の語尾と次の語の語頭の音がつなげて発音されることを**リエゾン**といいます。リエゾンが連続することもあります。例えば、look up は「ルッカッ（プ）」というように、lookの語尾の子音とupの語頭の母音がつながります。

例

look‿up	ルッカッ（プ）
catch‿a ball	キャッチャボール
make‿it‿up	メイキラッ（プ）
hold‿on	ホウルドン
take‿it	テイキッ（ト）

---

❸ 変化する音（フラップT）

You can get it. の get‿it ように ［t］という子音の直後に母音が続く場合には、［t］がまるで ［d］またはラ行の音ような発音になり、つながって「ゲリッ（ト）」のように聞こえます。ほかにも、一つの単語の中で ［t］ が前後を母音にはさまれている場合など、一定の条件下で、**［t］の発音が別の音に変化することをフラップT**といいます。よく耳にするフラップTにはwater「ワラー」やbetter「ベラー」などがあります。フラップTは主にアメリカ英語に見られます。

例

put‿it	プリッ（ト）
let‿it go	レリゴウ
what‿are	（フ）ワラー

CHAPTER 1

まずはリスニングの正しい学習法を知ろう

get‿in	ゲリン
about‿it	アバウリッ（ト）
computer	コンピューラー

❹ 消える音（消失・弱化）

ネイティブがGood job! と言うとき、goodのdの音はほぼ発音されず「グッジョブ」のように聞こえます。このような音の消失・弱化は英語ではよくある現象です。

例

Give‿me‿a break!	ギヴ　ミー　ア　→ ギミア
Please put‿them on my desk.	プット　ゼム　　→ プッツム
Call‿her.	コール　ハー　　→ コーラー
Shall I bring you some hot‿tea?	ホット　ティー　→ ハッティー

❺ 弱くなる音（機能語の弱系）

英語は発音の強弱が激しい言葉です。大切な情報や伝えたい情報の場合は強く発音しますが、冠詞や接続詞、関係代名詞など、文の構成のために機能的に使用されている単語（機能語）は弱く発音します。こうした英語の強弱に慣れることで英語がより聞こえるようになります。機能語として弱系の発音となる例をいくつか挙げます。

例

I don't like coffee very much, 〔but〕I like tea.

Where are you 〔from〕?

You 〔can〕do it.

I think 〔that〕his answer is wrong.

※〔　〕内の単語が機能語で弱く発音される。

⑥ 混同しやすい音（ミニマルペア）

1つの音のみが異なるよく似た発音の単語の組み合わせを ==ミニマル ペア== といいます。==特に間違えやすいのはLとR、BとV、SとSHの組み合わせ==。ミニマルペアの発音の違いを理解することで、リスニングのスキルも一段とアップします。

例

LとR

led	[léd]	red	[réd]
light	[láit]	right	[ráit]
lung	[lʌ́ŋ]	rung	[rʌ́ŋ]
climb	[kláim]	crime	[kráim]
glow	[glóu]	grow	[gróu]
play	[pléi]	pray	[préi]

BとV

ban	[bǽn]	van	[vǽn]
best	[bést]	vest	[vést]
boat	[bóut]	vote	[vóut]
berry	[béri]	very	[véri]
curb	[kə́:rb]	curve	[kə́:rv]

SとSH

seep	[síːp]	sheep	[ʃíːp]
seat	[síːt]	sheet	[ʃíːt]
sip	[síp]	ship	[ʃíp]
sit	[sít]	shit	[ʃít]

そのほか、日本語のカタカナ語として定着している単語も、思っていた音と違って聞き取れないということがよくあります。別冊に「間違いやすいカタカナ英語BEST 100」を掲載していますので、そちらもチェックしておきましょう。

029

CHAPTER **1** まずはリスニングの正しい学習法を知ろう

SECTION **6**

発音記号を学んで「英語の耳」に近づこう！

発音記号を軽視してしまう人が多いのは残念な傾向です。実は私もその1人でした。そのせいで、大学1年生のときには、私の話す英語はさっぱりネイティブスピーカーには通用しませんでした。

実は、日本語を話し、日本語を聞くものとして==一度できあがってしまった口や耳は、ただ英語をダラダラと聞き流しているだけでは、正しい発音や音の認識はまずできるようにはならない==のです。アメリカやイギリスに何年も住んでいるのに、英語の細かい発音の認識がきちんとできない日本人も多いのですから、日本にいればなおさらですよね。

そのような問題を解決するために、**発音記号は大変便利なツール**です。例えば、hat [hæt] と hut [hʌt] のような「ア」に似た音の区別を、日本語のカタカナに当てはめたり、自然に覚えようとしたりしても結果は期待できません。しかし、[æ] と [ʌ] という発音記号を学べば、ちょっと辞書を引くだけで、このような音の違いを理解することが可能になり、区別して発音できるようになります。

そこで、受験生が勉強しておかなければならない、最低限の発音記号をまとめておきます。一度目を通してどのようなものがあるのかを理解しておき、リピーティングの訓練と並行して少しずつマスターしていきましょう。

外国語学習に関しては、よく**「自分で発音できない音は聞こえない」**といわれます。私もさまざまな外国語を学習する中で、身をもってこのことを実感しています。また、発音が上手な人は、ほぼ例外なくリスニングの能力も優れています。

発声器官と聴覚器官は進化上でも結びつきが強く、区別して自ら発話したいくつかの音声を何百回と繰り返し聞くうちに、脳がそれ

らの音声を区別して認識できるようになるのだそうです。「発音の勉強」は「リスニングの勉強」なのだ、と肝に銘じましょう。

　それぞれの発音記号の読み方は、P.036に掲載されている「発音記号表」を参考に、少しずつ学習しましょう。もちろん、すべての発音記号が読めるようになることが大切なのですが、まず最初のステップとして、日本語の発音とは極端に異なる、**16の音声の発音記号**をマスターしてみましょう。そのようにして、まがりなりにも発音記号が読めるようになったら、徐々に発音記号を使って英単語を読む習慣を身につけていきましょう。

日本人が苦手な発音リスト16

❶ 3つの「ア」と巻き舌の「アー」

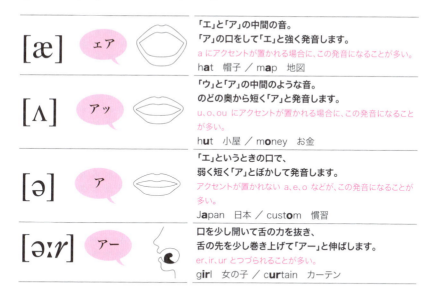

❷ みんなが悩む l と r

記号	カナ	説明
[l]	ル	舌の先を上の歯ぐきの裏につけた状態で「ウ」のような音を出します。 語頭や母音の前では強く、 語尾や子音の前では弱くあいまいに発音する。 **l**eft 左 / **l**itt**l**e 小さい
[r]	(ゥ)ル	舌先を口の中のどこにもつけずに、舌先を上に丸め、「ウ」のような音を出します。 r や rr とつづられることが多い。 **r**ight 右・権利 / add**r**ess アドレス

❸ 日本語にはない2つの th

記号	カナ	説明
[θ]	ス	舌の先を上下の歯の間に軽くはさんで、そのすき間から息を出します。 th とつづられることが多い。 **th**ank 〜に感謝する / mou**th** 口
[ð]	ズ	同様に、舌の先を上下の歯の間に軽くはさみ、[θ]を濁らせた音を出します。 th とつづられることが多い。 **th**is これ・この / fa**th**er 父

❹ f と v と b は唇がポイント

記号	カナ	説明
[f]	フ	上の歯で下唇を軽く押さえ、そのすき間から「フ」と強く息をはき出します。 f、ff、ph、gh とつづられることが多い。 **f**ilm フィルム / co**ff**ee コーヒー
[v]	ヴ	[f]と同じく上の歯で下唇を軽く押さえ、すき間から「ヴ」と強く息をはきます。 v とつづられることが多い。 **v**ery とても / mo**v**ie 映画
[b]	ブ	歯で下唇を押さえず、両唇をはじく感じで日本語のバ行のように発音しましょう。 b、bb とつづられることが多い。 **b**rother 兄弟 / jo**b** 仕事

❺ 鼻にかかった「ング」

| | 舌の奥を上あごの奥につけて、鼻から「ング」を1つの音にする感じで発音します。
ng とつづられることが多い。
ri**ng** 指輪 / stro**ng** 強い |

❻ 日本語よりも鋭く「シ」「ジ」

| | 唇を突き出し舌先を歯ぐきにつけずに、猫を追い払うときのように「シ」と発音。長く伸ばせる音です。
sh とつづられることが多い。
should 〜すべきだ / fi**sh** 魚 |
| | [ʃ]と同じ口の形で「ジ」と濁らせた音。これも長く伸ばせる音です。
s とつづられることが多い。
u**s**ually いつもは / mea**s**ure 〜を測る |

❼ 日本語よりも強く「チ」「ヂ」

| | 舌先を上の歯ぐきにつけて強く「チ」と発音します。長く伸ばせない音です。
ch、tch とつづられることが多い。
chance チャンス / wa**tch** 腕時計・〜を見る |
| | 舌先を上の歯ぐきにつけて強く「ヂ」と発音します。長く伸ばせない音です。
j、g、dge とつづられることが多い。
jacket ジャケット / ener**g**y エネルギー |

CHAPTER 1 まずはリスニングの正しい学習法を知ろう

| CHAPTER | 1 | まずはリスニングの正しい学習法を知ろう |

| SECTION 7 | 入試に頻出！ 英語の数の言い方に慣れておこう！ |

ものの**値段や長さ・重さ**など数値に関する英語は、大学入試でよく出題されますが、桁の区切り方が日本語と英語で違うため、数で苦戦する人は多いようです。例えば one million yen を1億円と勘違いしてしまうなど（正解は100万円）。<mark>リスニングでも、数にまつわる問題はよく出されます</mark>。きちんと理解しておかなければ、とっさに数を音で聞いたときに混乱してしまいますので、英語の数の言い方には十分に慣れておく必要があります。

　また、**天気や時間、曜日**といった日常のニュースや会話でよく話される事柄に関する表現も頻出なので、忘れずに頭に入れておきましょう。

〈数の言い方〉

one	1
ten	10
one hundred	100
one thousand	1,000
ten thousand	10,000
one hundred thousand	100,000
one million	1,000,000 （100万）
ten million	10,000,000 （1,000万）
one hundred million	100,000,000 （1億）
one billion	1,000,000,000 （10億）
ten billion	10,000,000,000 （100億）
one hundred billion	100,000,000,000 （1,000億）
one trillion	1,000,000,000,000 （1兆）

〈数を使った文の例〉

| The writer was born in nineteen fifty-six. | その作家は1956年に生まれました。 |
| The temperature is twenty five point five degree. | 気温は25.5度です。 |

〈天気を伝える文の例〉

It's going to be sunny this weekend.	今週末は晴れるでしょう。
Strong winds are expected tonight.	今夜は風が強いでしょう。
It should be cloudy with occasional rain tomorrow.	明日は曇り時々雨となります。

〈日にちの表現の例〉

the day after tomorrow	明後日
the two days after tomorrow	明々後日
the day before yesterday	一昨日

〈時刻の表現の例〉

| half past ten | 10時半 |
| quarter to ten | 10時15分前 |

CHAPTER

1

まずはリスニングの正しい学習法を知ろう

〈発音記号表〉

母音	例
[iː]	eat
[i]	big
[e]	desk
[æ]	apple
[ɑː]	car
[uː]	food
[u]	book
[ɔː]	all
[ɑ‖ɔ]	hot
[ə]	melody
[əːr]	bird
[ʌ]	something
[ei]	table
[ai]	ice
[ɔi]	oil
[ɑu]	town
[ou]	boat
[iər]	year
[eər]	wear
[uər]	sure

子音	例
[p]	pet
[b]	bat
[t]	cut
[d]	drink
[k]	kind
[g]	get
[f]	fat
[v]	very
[θ]	thank
[ð]	this
[s]	sea
[z]	zoo
[ʃ]	she
[ʒ]	measure
[tʃ]	watch
[dʒ]	job
[h]	hit
[m]	man
[n]	not
[ŋ]	sing
[l]	light
[w]	west
[j]	yes
[r]	right

SECTION

7

入試に頻出！英語の数の言い方に慣れておこう！

CHAPTER 2

プレテストの問題を
解いてみよう

SECTION

1	共通テストリスニングの傾向と対策	038
2	第1問A	039
3	第1問B	045
4	第2問	051
5	第3問	060
6	第4問A	067
7	第4問B	072
8	第5問	076
9	第6問A	085
10	第6問B	090

CHAPTER 2 プレテストの問題を解いてみよう

SECTION 1 共通テストリスニングの傾向と対策

　2017年と2018年に大学入学共通テストのプレテスト（試行調査）が実施されました。まだ情報の少ない共通テストも、プレテストの問題を分析すれば、具体的な傾向と対策が見えてきます。CHAPTER 2では、2018年に実施された第2回プレテストを使用して、問題の解き方や注意点を解説していきます。CHAPTER 1で学んだリスニングのコツをうまく活用しながら実際に問題を解いてみましょう。

　まずは、共通テストのリスニング問題のポイントをおさらいしておきます。

❶ 聞き取る英語を2回流す問題と、1回だけ流す問題があります。流される回数はあらかじめ問題冊子に記載されているので、読み上げが始まる前に必ず確認しましょう。

❷ 物事の順序を問う問題や表の穴埋め問題では、すべて正解した場合のみ得点となるものがあります。

❸ 設問や選択肢、イラストなど、問題用紙に示された内容にまず目を通し、リスニングで何を問われるのかを推測しておきましょう。

❹ 思考力や判断力が必要な問題が多数出題されます。細部を聞き取る精聴スキル、多聴で培った要点をつかむスキル、重要事項を書き出すノートテイキングスキルを駆使して試験に挑みましょう。

❺ リスニングでは身近な暮らしや社会と関連のある問題が多く出題されるので、普段からそうしたトピックの英語に接している人は有利です。試験の傾向と対策を分析することに加え、CHAPTER 1で紹介したような実践的なリスニング学習の継続が大切だということを理解しましょう。

　それでは、さっそく始めましょう！

| CHAPTER | 2 | プレテストの問題を解いてみよう |

SECTION 2

第1問A

短い英文を聞いて内容に合った選択肢を選ぶ問題
配点：各3点
読み上げ回数：2回
設問数：4問
CEFRに基づく難易度：A1

分析

　ごく身近なトピックスを扱った短い英文を聞き、そこから**人の考えを理解したり、状況を把握したりする力を問う問題**です。読み上げられる英文は短い2文か長めの1文。聞き取る力に加えて、日常生活でよく使われる英単語、連語、慣用表現、文法などが理解できているかが試されます。英文は2度読まれます。

対策

　短い英文からその内容と趣旨をとらえる必要があります。一語一句注意して聞き取りましょう。また、**会話に頻出する慣用表現や、基本的な文法が含まれる**ので、学校の教科書に出てくるような基本的な英文法や表現の知識はしっかりと頭に入れておくこと。教科書や参考書などの例文を音読して理解するなどの訓練をしておきましょう。ネイティブスピーカーの会話の動画などを見て、どのようなときにどんな会話がされるのかを勉強しておくと、状況がつかみやすくなります。

第1問　　　　　　　　　　　　　　　　　　　　（配点　24）

A　　第1問Aは問1から問4までの4問です。それぞれの問いについて，聞こえてくる英文の内容に最も近い意味のものを，四つの選択肢（①〜④）のうちから一つずつ選びなさい。**2回流します。**

問1　　1

① The speaker does not want anything.
② The speaker wants both tea and cookies.
③ The speaker wants cookies.
④ The speaker wants tea.

問2　　2

① The speaker cannot go to the party.
② The speaker does not have work tomorrow.
③ The speaker has another party to go to.
④ The speaker's birthday is tomorrow.

問3 　　3

① Junko got wet in the rain.
② Junko had an umbrella.
③ Junko ran to school in the rain.
④ Junko stayed at home.

問4 　　4

① The speaker is an English teacher.
② The speaker must study a lot.
③ The speaker needs to study outside of Japan.
④ The speaker teaches English abroad.

CHAPTER

2

プレテストの問題を解いてみよう

 解説

問1 1

> 放送された英文 I've had enough cookies, thanks. Some more tea would be nice.
>
> 和訳 クッキーは十分いただきました。ありがとう。紅茶をもう少しいただけるとうれしいです。
>
> ① The speaker does not want anything.
> ② The speaker wants both tea and cookies.
> ③ The speaker wants cookies.
> ④ The speaker wants tea.
>
> 和訳
> ① 話し手は何も欲しくない。
> ② 話し手は紅茶とクッキーのどちらも欲しい。
> ③ 話し手はクッキーが欲しい。
> ④ 話し手は紅茶が欲しい。

have had enough cookies という表現から、男性はクッキーはもういらないと断っていることがわかります。〜 would be nice は自分の希望を伝える表現として会話でよく使われますので覚えておきましょう。

・・

問2 2

> 放送された英文 I'd love to go to your birthday party tomorrow, but I have a lot of work to do.
>
> 和訳 明日のあなたの誕生日パーティーには参加したいのですが、やらなければならない仕事がたくさんあるのです。
>
> ① The speaker cannot go to the party.
> ② The speaker does not have work tomorrow.

③ The speaker has another party to go to.

④ The speaker's birthday is tomorrow.

和訳 ① 話し手はパーティーに行けない。

② 話し手は明日、仕事がない。

③ 話し手は他のパーティーに行かなければならない。

④ 話し手は明日が誕生日だ。

❗ would love to 〜（ぜひ〜したい）という表現がI'd love to 〜と短縮形で話されていますが、but以降の文で仕事がたくさんあると伝えています。I would love to 〜, but ...という表現は「〜したいけれども…です（だから無理です）」というように、やんわりと断る際によく使用されます。

問3 ⬜ 3 ⬜

放送された英文 It started raining after school. Since Junko had no umbrella, she ran home in the rain.

和訳 放課後に雨が降り出しました。ジュンコは傘を持っていなかったので、雨の中を走って家に帰りました。

① Junko got wet in the rain.

② Junko had an umbrella.

③ Junko ran to school in the rain.

④ Junko stayed at home.

和訳 ① ジュンコは雨にぬれた。

② ジュンコは傘を持っていた。

③ ジュンコは雨の中、学校へ走っていった。

④ ジュンコは家にいた。

❗ after school、no umbrella、ran homeなど、要点となる言葉をしっかりと聞き取ることに加えて、英文から状況を推察する力が必要です。「放課後に雨」、「傘を持っていない」、「雨の中、家まで走った」という3つの情報から、「ジュンコは雨にぬれた」と推測します。

043

CHAPTER

2

プレテストの問題を解いてみよう

問4 ⬜4

> **放送された英文** To become an English teacher, I won't have to study abroad, but I will have to study hard.
>
> **和訳** 英語の教師になるために留学をする必要はないが、一生懸命勉強しなければならないだろう。
>
> ① The speaker is an English teacher.
> ② The speaker must study a lot.
> ③ The speaker needs to study outside of Japan.
> ④ The speaker teaches English abroad.
>
> **和訳** ① 話し手は英語の教師だ。
> ② 話し手はたくさん勉強しなければならない。
> ③ 話し手は日本の国外で勉強する必要がある。
> ④ 話し手は海外で英語を教えている。

❗ won't have to ～ （～をする必要はないだろう） と will have to ～ （～をしなければならないだろう） の聞き取りに注意。未来を表すwillを使っていることから現在はまだ教師ではないと推察し、「留学する必要はないが、一生懸命勉強する必要がある」という情報と合わせて正解を選びます。

| CHAPTER | 2 | プレテストの問題を解いてみよう |

SECTION 3

第1問B

短い英文を聞いて内容に合ったイラストを選ぶ問題
配点：各4点
読み上げ回数：2回
設問数：3問
CEFRに基づく難易度：問1・3はA2、問2はA1

分析

イラストを使って、英文を聞いて概要や要点を把握できるかどうかを問う問題です。読み上げられる英文は日常的なトピックスが主ですが、短い英文の中でも文法やイディオムの知識がカギになることがありますので、注意して聞き取りましょう。

対策

音声が流れる前に4つのイラストに目を通し、描かれている内容をざっと把握してください。英文は短いので、一語一句注意して聞き取りましょう。また、イディオムなどの知識が選択肢選びのポイントとなる場合も多く、細かな表現を聞き逃さないようにすることが大切です。

B 第1問Bは問1から問3までの3問です。それぞれの問いについて、聞こえてくる英文の内容に最も近い絵を、四つの選択肢(①～④)のうちから一つずつ選びなさい。2回流します。

CD1 TRACK 02

問1　　5

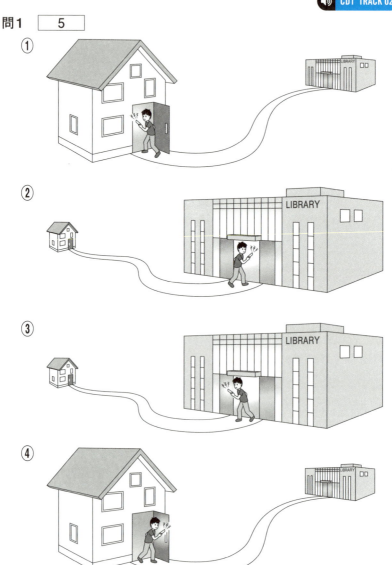

問2 　6

①

②

③

④

問3 7

①

②

③

④

解答 　5 ：① 　6 ：④ 　7 ：③

✓ 解説

問1 　5

放送された英文 He got a phone call from Joe as soon as he arrived home from the library.
和訳 彼が図書館から家に戻るやいなやジョーから電話があった。

① 図書館から家に到着したところ。
② 家から図書館に到着したところ。
③ 家に向かって図書館を出たところ。
④ 図書館に向かって家を出たところ。

❗ as soon as 〜（〜するとすぐに）というイディオムと、arrived A from B（BからAに着く）という場所の移動を理解することがカギ。会話でよくある弱系のfromの聞き取りに注意しましょう。また、arrive、leaveなど移動を示す動詞も要チェックです。

問2 　6

放送された英文 Right now, she's too busy to go to the lake and fish.
和訳 ちょうど今、彼女は忙しすぎて湖に釣りに行けない。

① 湖で釣りをしている。
② 湖で釣りの準備をしている。
③ 机でお茶を飲みながら釣りのことを考えている。
④ 机で仕事に追われながら釣りのことを考えている。

❗ too 〜 to ...（〜すぎて…できない）という構文を理解し、聞き取れるかがポイント。「忙しすぎて釣りに行けない」という内容から、湖以外の場所で忙しそうにしているイラストを選びます。この場合のtooは「〜すぎる」という否定的な意味を含むことに着目しましょう。

CHAPTER

2

プレテストの問題を解いてみよう

049

問3 　7

放送された英文 When the boy entered the classroom, the teacher had already started the lesson.

和訳 少年が教室に入ってきたときには先生はすでに授業を始めていた。

① 少年が先生と一緒に教室に入ってくる。
② 少年が授業中に教室を出ていく。
③ 少年が授業中に教室に入ってくる。
④ 少年が先生と一緒に教室から出ていく。

文中に出てくる少年と先生の行動を把握します。had already started という過去完了形の文が使用されていることから、少年が教室に入った時点ですでに先生は授業を始めていたことがわかります。enter、exit など人の動きを示す動詞は覚えておきましょう。

| CHAPTER | 2 | プレテストの問題を解いてみよう |

SECTION 4

第2問

短い対話を聞いて、問いの答えとして適切なイラストやイラストの一部を選ぶ問題
配点：各3点
読み上げ回数：2回
設問数：4問
CEFRに基づく難易度：問1・2はA1、問3・4はA2

分析

　場所や天気、動物など、身近なトピックスに関する簡単な対話を、問題用紙に示されている場面の説明とイラストを参考にしながら聞き取ります。対話から2つの情報を聞き取り、初めの情報で4つから2つに選択肢を絞り込み、さらにもう1つの情報で正解を1つに絞り込むなど、情報を複合的にとらえるスキルが必要です。

対策

　イラストと英語を組み合わせて思考する問題には、物語を読みながらそのシーンをイメージするトレーニングが効果的です。日常的なシチュエーションからの出題となるため、道案内や天気予報、物の位置や身体の部位、数の増減、時間の推移など、身近な話題に頻出する表現は必ず押さえておきましょう。

第2問　　　　　　　　　　　　　　　　（配点　12）

　第2問は問1から問4までの4問です。それぞれの問いについて，対話の場面が日本語で書かれています。対話とそれについての問いを聞き，その答えとして最も適切なものを，四つの選択肢（①～④）のうちから一つずつ選びなさい。**2回流します。**

🔊 CD1 TRACK 03

問1　居間でクリスマスツリーの置き場所について話をしています。

8

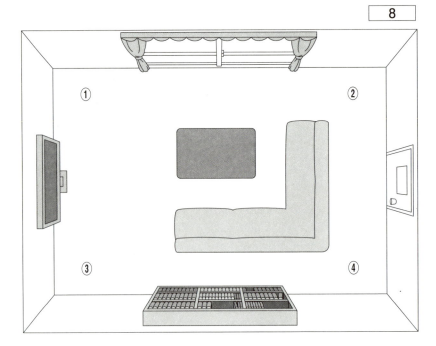

問2 来週の天気について話をしています。　9

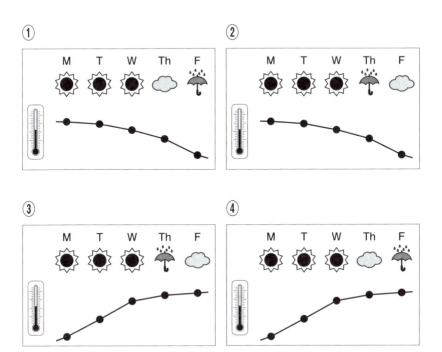

問3　動物園で見てきた動物について話をしています。　10

①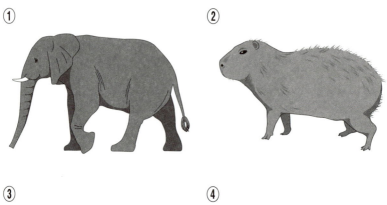
②

③
④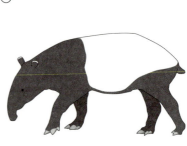

問4　遊園地で乗り物の話をしています。　11

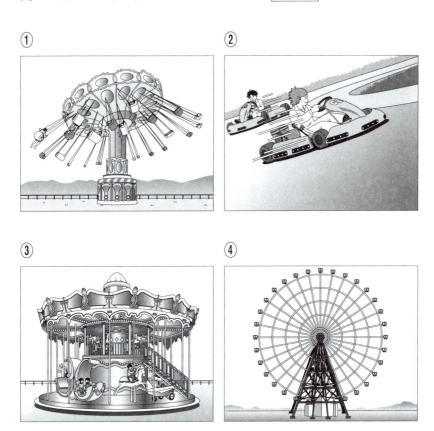

 解説

問1　8

放送された英文

M: How about there, near the bookshelf?
W: I'd prefer it by the window.
M: OK. Right here, then?
W: No, that's too close to the TV. I think the other corner would be better.

Question: Where does the woman want to put the Christmas tree?

和訳　男性：そこはどう？　本棚の近く。
　　　女性：窓のそばのほうがいいわ。
　　　男性：OK。じゃあ、ここは？
　　　女性：ダメ、テレビに近すぎる。反対側の角のほうがいいと思う。

　　　問題：女性はクリスマスツリーをどこに置きたいのでしょうか？

① テレビと窓の間の角
② 窓とドアの間の角
③ ドアと本棚の間の角
④ テレビと本棚の間の角

❗ 女性の最初の発言から窓の近くに置きたいことがわかり、選択肢は①か②のどちらかになります。また、次の発言でテレビの近くについてはNoと言っているため、希望を満たすのは②の場所だと特定できます。使用されている単語はそれほど難しくありませんが、by（～のそば）、near（～の近く）、other（もう一方の、向こうの）など、位置関係を示す表現に注意しましょう。

問2 　9

放送された英文

W: Will it be warm next week?

M: It should be cold at first, then get warmer.

W: I heard it'll be sunny, though, right?

M: Yes, except for rain on Thursday and clouds on Friday.

Question: Which is the correct weather forecast?

和訳 女性：来週は暖かくなるかしら？
　　　男性：初めは寒いけど、それから暖かくなるはずだよ。
　　　女性：晴れると聞いたけど。そうでしょう？
　　　男性：そうだよ。雨が降る木曜日と曇りの金曜日を除いてね。

　　　問題：どれが正しい天気予報でしょうか？

① 月火水が晴れ、木が曇り、金は雨。気温は前半が高く、後半に下がる。
② 月火水が晴れ、木が雨、金は曇り。気温は前半が高く、後半に下がる。
③ 月火水が晴れ、木が雨、金は曇り。気温は前半が低く、後半に上がる。
④ 月火水が晴れ、木が曇り、金は雨。気温は前半が低く、後半に上がる。

❗ 気温と天気の2つの情報を組み合わせて正解を選びます。晴れ、曇り、雨などの天気を表す単語のほか、at first（初めは）、then（それから）などの順番や経緯を表す語句、except for ～（～を除いて）という語句に注意すれば、対話内容を正確に理解できます。

問3 　10

放送された英文

M: What was the name of the animal with the small ears?

W: The one with the long tail?

M: No, the short-tailed one.

W: Oh yeah, with the long nose.

CHAPTER

2

プレテストの問題を解いてみよう

057

Question: Which animal are the speakers talking about?

和訳 男性:耳の小さな動物はなんていう名前だったかな。
女性:しっぽが長いやつ?
男性:いいや、しっぽが短いやつ。
女性:ああ、鼻が長い動物ね。

問題:話し手たちが話しているのはどの動物でしょうか?

① 象(耳が大きくて鼻は長く、しっぽは長い)
② カピバラ(耳が小さくて鼻は短く、しっぽはない)
③ ミーアキャット(耳が小さくて鼻は短く、しっぽは長い)
④ バク(耳が小さくて鼻は長く、しっぽは短い)

❗ 対話から ears(耳)と tail(しっぽ)、nose(鼻)の3つに関する動物の身体的特徴が聞き取れるので、英文を聞きながらイラストを取捨選択していけば、消去法で正解が浮かび上がります。short-tailed(しっぽの短い)のような複合形容詞、with the small ears(小さい耳を持った〜)のような with を使ってものの特徴を表す表現にも慣れておきたいところです。

問4 ☐11☐

放送された英文

W: This place is famous for its roller coaster!
M: Oh … no, I don't like fast rides.
W: Well then, let's try this!
M: Actually, I'm afraid of heights, too.

Question: Which is the best ride for the man to try?

和訳 女性:ここはジェットコースターで有名なのよ!
男性:ああダメだ。速い乗り物は苦手なんだよ。
女性:じゃあ、これにしようよ!
男性:実は高いところも怖いんだ。

問題：男性にとって最もよい乗り物はどれでしょうか？

① 回転ブランコ
② ゴーカート
③ メリーゴーランド
④ 観覧車

❗ don't like fast rides（速い乗り物が苦手）、be afraid of heights（高いところが怖い）などのキーワードを聞き逃さないこと。発言の最初にactually（実は）がきた場合はそのあとで重要な情報が話されることがよくあります。この問題では「高いところが怖い」という選択のカギが示されました。地面に近い場所で、ゆっくりとした乗り物という条件から③を選びます。

CHAPTER

2

プレテストの問題を解いてみよう

059

| CHAPTER | 2 | プレテストの問題を解いてみよう |

SECTION 5

第3問

短い対話を聞いて、問いの答えとして適切なものを選ぶ問題
配点：各4点
読み上げ回数：2回
設問数：4問
CEFRに基づく難易度：問1・2はA1、問3・4はA2

分析

　身近なトピックスに関する簡単な対話の聞き取りですが、内容を要約・整理するだけでなく、聞き取った情報から**人の気持ちを推察したり次の行動を予測したりする**必要があり、思考力と想像力が試される問題です。設定された場面から対話のイメージを膨らませる力も必要です。

対策

　対話の場面設定をしっかり読んで頭の中でイメージし、問いと選択肢に目を通します。リスニング時は設問に関連するキーワードに気をつけながら対話を聞くのがコツ。設問に関連するものに意識を集中し、そのポイントさえ聞き取ることができれば、全部の対話が聞き取れなくても大丈夫です。

第3問

(配点　16)

第3問は**問1**から**問4**までの4問です。それぞれの問いについて，対話の場面が日本語で書かれています。対話を聞き，問いの答えとして最も適切なものを，四つの選択肢(**①**〜**④**)のうちから一つずつ選びなさい。(問いの英文は書かれています。)**2回流します。** 🔊 **CD1 TRACK 04**

問1　夫婦が今夜の夕食について話をしています。

What is the couple going to eat for dinner?　　| 12 |

- ① Pasta and salad
- ② Pasta and soup
- ③ Pizza and salad
- ④ Pizza and soup

問2　男性が通行人に話しかけています。

What will the man do?　| 13 |

- ① Ask for a ride.
- ② Take a bus.
- ③ Take a taxi.
- ④ Walk to the hotel.

問3 友達同士が服装について話をしています。

How does the man feel about the shirt? ▢ **14**

① He likes it very much.

② He wants to buy it.

③ It doesn't look nice on him.

④ It isn't worth the price.

問4 友達同士が今観た映画について話をしています。

What do the two people agree about? ▢ **15**

① The movie follows the book.

② The movie has a great cast.

③ The movie is based on a true story.

④ The movie is better than the book.

解答 12 : ① 　 13 : ④ 　 14 : ① 　 15 : ①

 解説

問1　12

放送された英文

W: Would you rather have pizza or pasta for dinner?
M: Well, I had pizza for lunch ….
W: OK, then pasta. We could have soup with that. Oh, but the neighbor gave us lots of lettuce and tomatoes from her garden, so how about a salad instead of soup?
M: Sure! That sounds good!

和訳　女性：夕食はピザが食べたい？　パスタが食べたい？
　　　男性：うーん。ランチにピザを食べたんだ。
　　　女性：OK。じゃあパスタね。それと一緒にスープもいいわよね。あ、でも近所の方から庭で採れたレタスとトマトをたくさんもらったんだった。だからスープの代わりにサラダでどうかしら？
　　　男性：もちろん！　いいね！

What is the couple going to eat for dinner?
① Pasta and salad
② Pasta and soup
③ Pizza and salad
④ Pizza and soup

和訳　カップルは夕食に何を食べるでしょう？
① パスタとサラダ
② パスタとスープ
③ ピザとサラダ
④ ピザとスープ

❗ 話の流れから正解を導き出せるよう、聞いた内容を整理して推測する力が必要です。男性のWell, I had pizza for lunch ….では、話し方のニュアンスや言葉の選び方から、「ピザは嫌だ」というメッセージをくみ取ること。また「スープの代わりにサラダはいかが？」という提案に、男性がSure! That sounds good!と同意していることで、パスタとサラダという答えにたどり着きます。instead of ～（～の代わりに）というイディオムはよく出るので押さえておきましょう。

問2 　13

> 放送された英文
>
> *M:* Excuse me. Could you tell me how to get to the Riverside Hotel from here?
>
> *W:* You can take a taxi or a bus. Or you can walk there and enjoy the view. It's not too far.
>
> *M:* Hmm, it's a nice day, and I need some exercise. I'll do that.
>
> 和訳 男性：すみません。ここからリバーサイドホテルへの行き方を教えてもらえますか？
>
> 　　女性：タクシーかバスで行けますよ。それか、歩いていって景色を楽しむのもいいですね。そんなに遠くありませんよ。
>
> 　　男性：うーん、天気もいいし、運動も必要ですからね。そうします。
>
> What will the man do?
> ① 　Ask for a ride.
> ② 　Take a bus.
> ③ 　Take a taxi.
> ④ 　Walk to the hotel.
>
> 和訳 男性はどうするでしょうか？
> 　① 　車で連れていってくれるように頼む。
> 　② 　バスに乗る。
> 　③ 　タクシーに乗る。
> 　④ 　ホテルまで歩く。

❗ 最初の発言のhow to get to ～（～への行き方）は道を尋ねるときによく使用する表現。女性はタクシーとバス、徒歩の3つの方法を提案しています。その提案に対してI need some exercise.と男性が答えたことで、運動にもなるから徒歩で行くのだとわかります。I'll do that.のdo that（そうする）とは、女性が3つ目に提案した歩いていくことを指します。答えそのものを対話の中に見つけるのではなく、話の内容から答えを推察しましょう。

064

問3 　14

放送された英文

W: Hi, Jason. You look great in that shirt.

M: Thanks, Mary. I ordered it online. Actually, it didn't look that nice on the website.

W: Then why did you buy it?

M: Because it was 50% off. But now I think it's really nice.

W: Yeah, it is! You got a good buy.

和訳 女性：こんにちは、ジェイソン。そのシャツ似合ってる。
男性：ありがとう、メアリー。ネットで注文したんだ。実はウェブサイトではそんなによく見えなかったんだけどね。
女性：じゃあ、どうして買ったの？
男性：だって半額だったから。でも今はとってもいいと思っているよ。
女性：ええ、素敵よ！　いい買い物だったね。

How does the man feel about the shirt?

① He likes it very much.

② He wants to buy it.

③ It doesn't look nice on him.

④ It isn't worth the price.

和訳 男性はシャツをどう思っていますか？
① とても気に入っている。
② 買いたい。
③ 自分には似合わない。
④ 値段に見合わない。

❗ 選択肢に目を通すと、「シャツは似合っているかどうか」「気に入っているかどうか」「価格は安いか高いか」などを中心に聞き取ればよいことがわかります。look great（似合う）と褒められていること、さらに I ordered it（注文した）と過去形で語っている（つまり、すでに買った）こと、50% off と格安だったこと、自身で it's really nice（とてもいい）と結論づけていることから、答えを①に絞ります。

CHAPTER

2

プレテストの問題を解いてみよう

065

問4 ☐ 15

放送された英文

M: That was a great movie, wasn't it?

W: Well, it wasn't as good as I expected.

M: Really? It was a lot like the book, though.

W: Yeah, that's true, but I didn't like the cast very much.

M: Oh, you didn't? I think all the actors did a great job.

和訳 男性：すごくいい映画だったよね。
女性：うーん、期待したほどではなかったかな。
男性：本当に？　でも原作の本にとても近かったよ。
女性：ええ、そうね。でもキャストがあまり気に入らなかった。
男性：ああ、そうなの？　俳優はみんないい演技をしていたと思うけど。

What do the two people agree about?

① The movie follows the book.

② The movie has a great cast.

③ The movie is based on a true story.

④ The movie is better than the book.

和訳 2人が同意しているのはどんな点ですか？
① 映画が原作本に忠実な点。
② 映画のキャストが素晴らしい点。
③ 映画は実話に基づいている点。
④ 映画が原作より優れている点。

❗ not as 〜 as ...（〜ほど…ではない）、be a lot like 〜（〜にとても似ている）などの表現を知っていること、2人の会話を聞いてそれぞれの意見の要点をとらえられることがポイント。原作、キャスト、実話に関するキーワードと、意見の一致を表す言葉に気をつけながら会話を聞きます。なお、3つ目の選択肢にある実話かどうかに関しては対話内では語られていません。

| CHAPTER | **2** | プレテストの問題を解いてみよう |

SECTION 6

第4問A

短い説明文を聞いて、イラストの並べ替えや表の穴埋めをする問題
配点：問1は全問正解で4点、問2は4つの設問が各1点
読み上げ回数：1回
設問数：2問
CEFRに基づく難易度：問1はA2、問2はB1

分析

説明文を聞いてイラストを順に並べる問1はGTECや英検®などで
もよく出題される問題です。トピックスは身近な事柄ですが、説明
文から得た情報を整理して把握する力が必要になります。問2は数を
聞き取ったり、聞き取った数を計算したりするなど、英語の指示に沿っ
て作業をする力も必要です。

対策

第4問は英文の**読み上げ回数が1回**となり、聞き取る**英文も100ワー
ド前後**に増えます。日常生活に必要な語彙力を高めることに加え、
英文を聞きながら情報をメモするノートテイキングの技術を磨きましょ
う。表を埋める問題は**数を聞き取る力が必須**。値段や時刻、長さなど、
英語の数の言い方には十分に慣れておきましょう。

CHAPTER

2

プレテストの問題を解いてみよう

067

第4問 (配点 12)

A 第4問Aは問1・問2の2問です。話を聞き、それぞれの問いの答えとして最も適切なものを、選択肢のうちから選びなさい。**1回流します。**

🔊 CD1 TRACK 05

問1 女の子がペットの猫(サクラ)について話しています。話を聞き、その内容を表したイラスト(①〜④)を、聞こえてくる順番に並べなさい。

| 16 | → | 17 | → | 18 | → | 19 |

①

②

③

④

問2　あなたは海外インターンシップで旅行代理店の手伝いをしています。ツアーの料金についての説明を聞き，下の表の四つの空欄 20 ～ 23 にあてはめるのに最も適切なものを，五つの選択肢（①～⑤）のうちから一つずつ選びなさい。選択肢は2回以上使ってもかまいません。

① $50　　② $70　　③ $100　　④ $150　　⑤ $200

Tour		Time (minutes)	Price
Hiking	Course A	30	20
	Course B	80	21
Picnicking	Course C	60	
	Course D	90	22
Mountain Climbing	Course E	120	23
	Course F	300	

069

問1 16 ～ 19

放送された英文

Last Saturday, when my grandmother opened the front door of our house, our family cat, Sakura, ran out to chase a bird. My grandmother tried to catch her, but Sakura was too fast. My family began looking for her. When it got too dark to see, we gave up our search for the night. We were so sad. I placed food and water outside the door in case Sakura came home. The next morning, I ran to the door to check the food. The food had been eaten, but Sakura wasn't there. Then suddenly, from behind the bushes, I heard a soft "meow."

和訳 先週の土曜日、祖母が家の玄関のドアを開けたら、ペットの猫のサクラが鳥を追いかけて外に走り出してしまいました。祖母が捕まえようとしましたが、サクラの足は速すぎました。私の家族はサクラを探し始めました。辺りが暗くなって見えなくなったので、その夜は捜すのを諦めました。みんなとても悲しかったです。私はサクラが帰ってきたときのためにエサと水をドアの外に置きました。次の朝、私はドアまで走っていき、エサを確認しました。エサは食べられていましたが、サクラはそこにはいませんでした。そのとき突然、茂みの後ろから「ニャー」と柔らかな鳴き声が聞こえました。

- □ front door　正面玄関
- □ run out　走って外に出る
- □ chase [tʃéis]　【動】追いかける、追跡する
- □ try to *do*　*do* しようとする
- □ look for ～　～を捜す
- □ give up　あきらめる
- □ place [pléis]　【動】置く
- □ in case ～　～の場合に備えて
- □ bush [búʃ]　【名】茂み、低木地帯
- □ meow [miáu]　【名】ニャー、ニャオ

① 女の子がドアの外にエサと水を置いている。
② 家族みんなでサクラを捜している。
③ 祖母が開けたドアからサクラが外に飛び出している。
④ 茂みの中でサクラが鳴いている。

| 16 : ③ | 17 : ② | 18 : ① | 19 : ④ |

❗ 4つのイラストをすべて正しく並べられたときのみ得点がもらえます。まずはイラストにさっと目を通し、それが何を表しているのかを確認しておきましょう。読み上げは1度のみなので、英文が流れたらすぐにイラストの順番やキーワードをメモするなど、聞きながら情報を整理するのがお勧めです。

CHAPTER

2

プレテストの問題を解いてみよう

問2　20 ～ 23

放送された英文

This is the list of outdoor tours that we offer. I haven't filled in the price column yet, so could you help me complete it? The prices depend on how long each tour is. The price is 70 dollars for tours up to one hour … and 100 dollars for tours over 60 minutes up to 90 minutes. We charge 50 dollars for each additional hour over 90 minutes.

和訳 これが私たちの提供しているアウトドアツアーのリストです。まだ料金の項目を記入していないので、それを完成するのを手伝っていただけますか？　料金は各ツアーの所要時間で変わります。1時間までのツアーの料金は70ドルで…、60分から90分までのツアーは100ドル。90分を超えるものは1時間追加につき50ドルの料金がかかります。

- ☐ offer [ɔ́(:)fər]　【動】提供する、提案する
- ☐ fill in ~　～に記入する、～を埋める
- ☐ column [kɑ́ləm]　【名】欄、段
- ☐ help ~ do　～が do するのを手伝う
- ☐ complete [kəmplíːt]　【動】仕上げる、完成させる
- ☐ depend on ~　～によって決まる、～次第である
- ☐ up to ~　～まで
- ☐ charge [tʃɑ́ːrdʒ]　【動】請求する
- ☐ additional [ədíʃənl]　【形】追加の、さらなる

| 20 : ② | 21 : ③ | 22 : ③ | 23 : ④ |

❗ 料金のルールが depend on how long each tour is（それぞれのツアーの所要時間による）ということ、50 dollars for each additional hour over 90 minutes（90分以降は1時間追加ごとに50ドル）が課せられることを理解し、表の内容と照らし合わせて数を聞き取っていきます。数の問題はノートテイキングがとても役立ちます。1つの選択肢を複数回使用できるという指示文も見逃さずに。

071

| CHAPTER | 2 | プレテストの問題を解いてみよう |

SECTION 7

第4問B

複数の意見や情報を聞き、条件に合う選択肢を選ぶ問題
配点：4点
読み上げ回数：1回
設問数：1問
CEFRに基づく難易度：B1

分析

　社会的な要素を含む身近なトピックスについて、**複数の人物からそれぞれ異なる情報**を聞き取ります。聞き取った内容を集約・比較して、条件に最も合う選択肢を選び出します。聞き取る力、情報をまとめる力、比較検討する力が必要です。

対策

　あらかじめ与えられた状況や条件、設問内容をしっかりと理解してから、英文の聞き取りを行いましょう。読み上げが終わった後に、正解を絞り込むための比較対象を検討する作業を行うことになるため、重要事項のノートテイキングが大切です。英文を聞きながら**要点を書き留めるスキル**を磨いておきましょう。

B 　第4問Bは**問1**の1問です。四人の説明を聞き,問いの答えとして最も適切なものを,選択肢のうちから選びなさい。メモを取るのに下の表を使ってもかまいません。**1回流します。**

🔊 **CD1 TRACK 06**

状況

　あなたは大学に入学した後に住むための寮を選んでいます。寮を選ぶにあたり,あなたが考えている条件は以下のとおりです。

条件

A. 同じ寮の人たちと交流できる共用スペースがある。
B. 各部屋にバスルームがある。
C. 個室である。

	A. Common space	B. Private bathroom	C. Individual room
① Adams Hall			
② Kennedy Hall			
③ Nelson Hall			
④ Washington Hall			

問1　先輩四人が自分の住んでいる寮について説明するのを聞き,上の条件に最も合う寮を,四つの選択肢(①~④)のうちから一つ選びなさい。　| 24 |

① Adams Hall
② Kennedy Hall
③ Nelson Hall
④ Washington Hall

解答 24 : ④

 解説

問1　24

放送された英文

1. You'd love Adams Hall. It's got a big recreation room, and we have parties there every weekend. You can also concentrate on your studies because everyone gets their own room. The bathrooms are shared, though.

2. I recommend Kennedy Hall. All the rooms are shared, and the common area is huge, so we always spend time there playing board games. There's a bathroom in every room, which is another thing I like about my hall.

3. I live in Nelson Hall. There are private rooms, but only for the seniors. So, you'll be given a shared room with no bathroom. My favorite place is the common kitchen. We enjoy sharing recipes from different countries with each other.

4. You should come to Washington Hall. The large living room allows you to spend a great amount of time with your friends. Each room has a bathroom. Some rooms are for individual students, and, if you apply in advance, you will surely get one of those.

和訳 1. アダムスホールを気に入ると思いますよ。大きなレクリエーションルームがあって、そこで毎週末パーティーを開いています。みんな自分専用の部屋があるので勉強にも集中できます。ただ、バスルームは共同です。

2. 私はケネディーホールをお勧めします。部屋はすべて相部屋で、共有エリアが広いので、いつもそこでボードゲームをしたりして遊んでいます。バスルームが全室に付いているのも私がこのホールを気に入っている点です。

3. 私はネルソンホールに住んでいます。個室はありますが、上級生専用です。なので、あなたはバスルームのない相部屋になるでしょう。私のお気に入りの場所は共同のキッチンです。さまざまな国のレシピをお互いに共有するのを楽しんでいます。

4. ワシントンホールに来るべきです。広いリビングルームでは友達とたっぷり時間を過ごせます。各部屋にはバスルームがあります。部屋のいくつかは個室で、事前に申し込んでいれば、きっと一部屋を確保できるでしょう。

☐ concentrate on ～	～に集中する、～に専念する	☐ a great amount of ～	多量の～、非常に多くの～
☐ common [kámən]	【形】共通の、共同の	☐ individual [indivídʒuəl]	【形】個々の、ひとりひとりの
☐ private room	個室		
☐ senior [síːnjər]	【名】先輩、上級生	☐ apply [əplái]	【動】申し込む
☐ allow ～ to do	～が do するのを許す、～が do するのを可能にする	☐ in advance	あらかじめ、前もって

① Adams Hall
② Kennedy Hall
③ Nelson Hall
④ Washington Hall

和訳 ① アダムスホール
② ケネディーホール
③ ネルソンホール
④ ワシントンホール

❗ それぞれの寮の説明を聞きながら、条件に関係がある情報を得るごとに、問題用紙の寮の比較表に〇や×を書き込んでいきましょう。個室は private room、own room、room for individual students など、共有スペースは recreation room、common area、common kitchen、large living room など、話し手によってさまざまな表現で説明されている点に注意。共有スペース（large living room）、バスルーム付きの部屋（Each room has a bathroom.）、あらかじめ申し込めば使える個室がある（Some rooms are for individual students ...）から、条件をすべて満たすワシントンホールを選びます。

075

| CHAPTER | 2 | プレテストの問題を解いてみよう |

| SECTION | 8 |

第5問

講義の内容と問題の図表を組み合わせて、問いの答えとして適切なものを選ぶ問題
配点：問1(a)(c)・問2は各4点、問1(b)は設問26〜28・29〜31が全問正解で各4点
読み上げ回数：1回
設問数：2問
CEFRに基づく難易度：B1

分析

　社会的な事柄に関する話題や講義を聞き、与えられたワークシートを完成させる問題です。「技術革新と職業」といったアカデミックで社会的な内容が出題されており、**時事問題や最新の話題に関連する語彙力**も間接的に問われています。読み上げ開始までに状況や問題を読む時間が設けられていますが、設問数も選択肢の文も多めなので、素早く問題の趣旨を読み取る速読力と読解力が必要です。

対策

　問題用紙に示された問題をよく理解することが大切。問いから問いへ移る**インターバルが長いので、その間に問題の内容をしっかり確認**し、リスニング時には穴埋めをする感覚で取り組むこと。スキャニングやノートテイキングの技術を使って、聞き取りながらワークシート内の穴埋めをするようにメモしていきましょう。AIや技術革新など、現在、社会で注目されているトピックスから出題されています。日頃から時事問題に興味を持ち、『CNN』や『Voice of America』などの英語のニュースに触れておくことをお勧めします。

第5問　　　　　　　　　　　　　　　　　　　　　　（配点　20）

　第5問は問1(a)〜(c)と問2の2問です。講義を聞き，それぞれの問いの答えとして最も適切なものを，選択肢のうちから選びなさい。状況と問いを読む時間（約60秒）が与えられた後，音声が流れます。**1回流します。**

🔊 CD1 TRACK 07

状況

　あなたはアメリカの大学で，技術革命と職業の関わりについて，ワークシートにメモを取りながら，講義を聞いています。

ワークシート

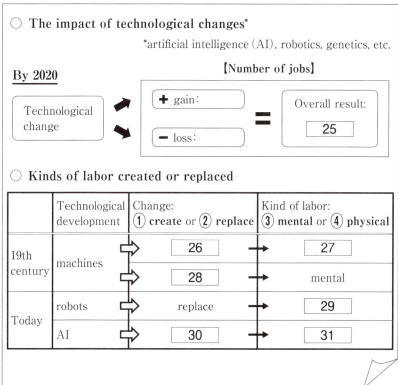

問1 (a) ワークシートの空欄 25 にあてはめるのに最も適切な ものを，六つの選択肢(①〜⑥)のうちから一つ選びなさい。

① a gain of 2 million jobs　　② a loss of 2 million jobs

③ a gain of 5 million jobs　　④ a loss of 5 million jobs

⑤ a gain of 7 million jobs　　⑥ a loss of 7 million jobs

(b) ワークシートの表の空欄 26 〜 31 にあてはめるのに 最も適切なものを，四つの選択肢(①〜④)のうちから一つずつ選び なさい。選択肢は2回以上使ってもかまいません。

① create　　② replace　　③ mental　　④ physical

(c) 講義の内容と一致するものはどれか。最も適切なものを，四つの 選択肢 (①〜④)のうちから一つ選びなさい。 32

① Machines are beginning to replace physical labor with the help of robots.

② Mainly blue-collar workers will be affected by the coming technological changes.

③ Two-thirds of the number of women working at an office will lose their jobs.

④ White-collar workers may lose their present jobs because of AI developments.

問2 講義の続きを聞き,下の図から読み取れる情報と講義全体の内容から,どのようなことが言えるか,最も適切なものを,四つの選択肢(①〜④)のうちから一つ選びなさい。　33

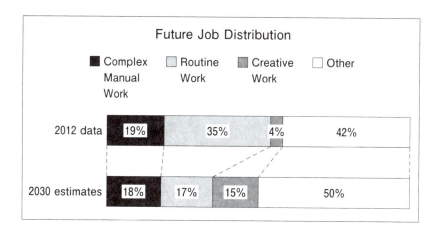

① Complex manual work will be automated thanks to the technological revolution.
② Jobs in the STEM fields will not increase even though they require creative work.
③ Mental work will have the greatest decrease in percentage.
④ Not all physical work will be replaced by robots and AI.

解答 　25 : ④　26 : ②　27 : ④　28 : ①　29 : ④
　　　　30 : ②　31 : ③　32 : ④　33 : ④

 解説

問1

放送された英文

What kind of career are you thinking about now? Research predicts developments in artificial intelligence, robotics, genetics, and other technologies will have a major impact on jobs. By 2020, two million jobs will be gained in the so-called STEM fields, that is, science, technology, engineering, and mathematics. At the same time, seven million other jobs will be lost.

This kind of thing has happened before. Jobs were lost in the 19th century when mass production started with the Industrial Revolution. Machines replaced physical labor, but mental labor like sales jobs was generated. Today, many people doing physical labor are worried that robots will take over their roles and that they will lose their current jobs. This time, the development of AI may even eliminate some jobs requiring mental labor as well.

Actually, we know that robots are already taking away blue-collar factory jobs in the US. Moreover, because of AI, skilled white-collar workers, or intellectual workers, are also at "high risk." For example, bank clerks are losing their jobs because computer programs now enable automatic banking services. Even news writers are in danger of losing their jobs as AI advances enough to do routine tasks such as producing simple news reports.

As I mentioned earlier, seven million jobs will be lost by 2020. Two-thirds of those losses will be office jobs. Since most office jobs are done by women, they will be particularly affected by this change. What's more, fewer women are working in the STEM fields, so they will benefit less from the growth in those fields.

和訳 あなたは今どんな仕事に就こうと思っていますか？ 調査によると、人工知能やロボット工学、遺伝学やその他の科学技術の発展が仕事に大きな影響を与えると予測されています。2020年までに、科学（science）や技術（technology）、工学（engineering）、数学（mathematics）の、いわゆるSTEM分野で200万の仕事が生み出されるでしょう。同時に、他の700万の仕事がなくなります。

こういった事態は過去にも起こっています。産業革命によって大量生産が始まった19世紀にも仕事が失われました。機械が肉体労働に取って代わり、営業職のような精神労働が生み出されました。今日、多くの肉体労働者はロボットに役目を取られて現在の仕事を失うのではないかと心配しています。今度は人工知能の発達により、精神労働を必要とする仕事まで奪われることになるかもしれません。

実際、アメリカのブルーカラーの工場の仕事はすでにロボットが奪いつつあります。さらに、AIによって有能なホワイトカラーの労働者や知的労働者も"ハイリスク"にさらされています。例を挙げれば、コンピュータープログラムにより今では自動の銀行サービスが可能なため、銀行員は仕事を失いつつあります。AIは単純なニュース記事をつくるといったルーティンワークができるほど進化しているため、ニュースライターですら仕事を失う恐れがあるのです。

先ほどお話した通り、2020年までに700万の仕事が失われるでしょう。そしてその2/3は事務の仕事です。ほとんどの事務仕事は女性がしているので、女性は特にこの変化による影響が大きいでしょう。それに、STEM分野で働く女性は少ないため、その分野の成長によって利益を得ることも少なくなります。

☐ career	[kəríər]	【名】職業		☐ generate	[dʒénərèit]	【動】生む、作り出す
☐ predict	[pridíkt]	【動】予測する		☐ take over		奪う、引き継ぐ
☐ artificial intelligence		人工知能、AI		☐ current	[kə́:rent]	【形】現在の、現行の
☐ robotics	[roubɑtiks]	【名】ロボット工学		☐ eliminate	[ilímineit]	【動】除外する、取り除く
☐ genetics	[dʒənétiks]	【名】遺伝学				
☐ have an impact on ~		~に影響を与える		☐ intellectual	[intəléktʃuəl]	【形】知的な、理知的な
☐ gain	[géin]	【動】得る、増す				
☐ so-called	[sóukɔ́:ld]	【形】いわゆる		☐ banking service		銀行業務、銀行サービス
☐ mass production		大量生産				
☐ Industrial Revolution		産業革命		☐ be in danger of ~		~の危険がある
☐ replace	[ripléis]	【動】取って代わる		☐ two-thirds		3分の2
☐ physical labor		肉体労働		☐ affect	[əfékt]	【動】影響を及ぼす
☐ mental labor		精神労働				

ワークシートの訳

The impact of technological changes（技術革新による変化がもたらす影響）/ artificial intelligence(AI), robotics, genetics, etc.（人工知能（AI）、ロボット工学、遺伝学、その他）/ By 2020（2020年までに）/ Technological change（技術革新による変化）/ Number of jobs（職業の数）/ gain（増加）/ loss（減少）/

081

Overall result（総合結果）/ Kinds of labor created or replaced（生み出される労働と代替される労働の種類）/ Technological development（技術の発展）/ Change（変化）/ create（生み出す）/ replace（取って代わる）/ Kind of labor（労働の種類）/mental（精神的な）/ physical（肉体的）/ 19th century（19世紀）/ machines（機械）/ mental（精神的な）/ Today（今日）/ robots（ロボット）/ AI（人工知能）/ replace（取って代わる）

SECTION

8

第5問

(a) 25

① a gain of 2 million jobs
② a loss of 2 million jobs
③ a gain of 5 million jobs
④ a loss of 5 million jobs
⑤ a gain of 7 million jobs
⑥ a loss of 7 million jobs

和訳
① 200万の仕事の増加
② 200万の仕事の喪失
③ 500万の仕事の増加
④ 500万の仕事の喪失
⑤ 700万の仕事の増加
⑥ 700万の仕事の喪失

❗ 数を正しく聞き取ることが正解を導くカギ。STEM分野では two million jobs will be gained（200万の仕事が増加する）が、同時に seven million other jobs will be lost（700万の他の仕事が失われる）という内容から、差し引きして500万の仕事が失われることがわかります。

(b) 26 ～ 31

① create
② replace
③ mental
④ physical

和訳
① 生み出す
② 代わる
③ 精神的
④ 肉体的

082

| 26 : ② | 27 : ④ | 28 : ① | 29 : ④ | 30 : ② | 31 : ③ |

❗ ワークシートより、19世紀の産業革命と現在のAI革命の2つの内容に関係する話題であることを念頭に入れ、gain（得る）、lose（失う）、generate（生む）、take over（引き継ぐ）、replace（取って代わる）、eliminate（取り除く）、take away（奪う）など仕事の増減や変化を表現する言葉を注意深く聞き取りましょう。日頃から社会問題に興味を持って知識を仕入れていると、講義内容が比較的容易に理解できます。

(c) **32**

① Machines are beginning to replace physical labor with the help of robots.

② Mainly blue-collar workers will be affected by the coming technological changes.

③ Two-thirds of the number of women working at an office will lose their jobs.

④ White-collar workers may lose their present jobs because of AI developments.

和訳 ① 機械はロボットの助けを借りることで肉体労働に取って代わり始めている。

② これからの技術革命により、主にブルーカラーの労働者が影響を受けるだろう。

③ 会社で働く女性の3分の2が仕事を失うだろう。

④ ホワイトカラーの労働者がAIの発展により現在の仕事を失う可能性がある。

❗ 講義の内容を把握できているかを問う問題です。(a)(b)の問題をクリアできている場合は、①と②の選択肢が誤りであることがわかります。③は一見、正解のようですが、講義で言及された3分の2とは、2020年までに失われる仕事のうちで事務職の占める割合のことであり、会社で働く女性の3分の2を指しているわけではないため、誤りとなります。

083

問2 　33

放送された英文

Let's take a look at the graph of future job changes. Complex manual workers, like cooks and farmers, are different from routine workers in factories and offices. Creative workers include artists and inventors. So, what can we learn from all this?

和訳 将来の仕事の変化についてのグラフを見てみましょう。複雑な手作業を行う人、例えばシェフや農家などは工場や会社でルーティンワークをする人とは異なります。クリエイティブ職の人には芸術家や発明家が含まれます。さあそれで、これら全部から何がわかるでしょうか？

① Complex manual work will be automated thanks to the technological revolution.

② Jobs in the STEM fields will not increase even though they require creative work.

③ Mental work will have the greatest decrease in percentage.

④ Not all physical work will be replaced by robots and AI.

和訳 ① 複雑な手作業が技術革新によって自動化する。
② STEM分野の仕事はクリエイティブな作業が必要なのに増加しない。
③ 精神労働の割合は最も大きく減少するだろう。
④ すべての肉体労働がロボットやAIに取って代わられるわけではない。

❗ 問1で聞いた講義内容と棒グラフを組み合わせて、読解問題を解くように複合的に考えましょう。棒グラフでは、将来的に最も減少が見込まれる仕事はルーティンワークであり、複雑な手作業はほぼ横ばい。クリエイティブワークは増えています。この結果から、③は不正解であることがわかります。By 2020, two million jobs will be gained in the so-called STEM fields,（2020年までにいわゆるSTEM分野で200万の仕事が生み出される）という初めの講義内容とグラフが示す結果から②も不正解。講義の続きにあるComplex manual workers, like cooks and farmers, are different from routine workers in factoryにより、肉体労働の中でも複雑な手作業はAI化しないと考えられるので①も不正解です。講義の続きとグラフの内容に合っている④が正解となります。棒グラフ、折れ線グラフ、円グラフなどを見て答える問題はよく出題されるので、ザッと見て内容が把握できるようにしておきましょう。

| CHAPTER | 2 | プレテストの問題を解いてみよう |

SECTION 9

第6問A

対話を聞き、それぞれの人の意見に合うものを選ぶ問題
配点：各4点
読み上げ回数：1回
設問数：2問
CEFRに基づく難易度：B1

分析

暮らしの中での身近な話題やなじみのある社会的な話題について2人の意見を聞き、それぞれの**論点や主張の要点をつかむ問題**です。会話の聞き取り能力はもちろん、**複数の情報をまとめる力、整理する力、判断する力が問われます**。

対策

身近な社会的テーマに関して2人の意見を聞きます。**賛成派なのか反対派なのか、それぞれの話し手の立ち位置を判断する**ことで、会話の流れを把握しやすくなります。断片的な単語のみで判断せず、誰がどう考えているのかを正確に理解するため、**なるべく細部まで聞き取る**よう努力しましょう。設問と選択肢にあらかじめ目を通し、何を聞き取ればよいのかを事前に知っておくことも大切です。

第6問

（配点　16）

A　第6問Aは問1・問2の2問です。二人の対話を聞き，それぞれの問いの答えとして最も適切なものを，四つの選択肢（①〜④）のうちから一つずつ選びなさい。（問いの英文は書かれています。）
1回流します。 🔊 **CD1 TRACK 08**

状況
　二人の大学生が，ゲーム（video games）について話しています。

問1　What is Fred's main point?　　34

① Video games do not improve upper body function.
② Video games do not represent the actual world.
③ Video games encourage a selfish lifestyle.
④ Video games help extend our imagination.

問2　What is Yuki's main point?　　35

① It's necessary to distinguish right from wrong in video games.
② It's wrong to use smartphones to play video games.
③ Players can develop cooperative skills through video games.
④ Players get to act out their animal nature in video games.

解答 34 : ② 　 35 : ③

 解説

放送された英文

Fred: Are you playing those things again on your phone, Yuki?
Yuki: Yeah, what's wrong with playing video games, Fred?
Fred: Nothing. I know it's fun; it enhances hand-eye coordination. I get that.
Yuki: Oh, then you're saying it's too violent; promotes antisocial behavior — I've heard that before.
Fred: And, not only that, those games divide everything into good and evil. Like humans versus aliens or monsters. The real world is not so black and white.
Yuki: Yeah .... We are killing dragons. But we learn how to build up teamwork with other players online.
Fred: Building up teamwork is different in real life.
Yuki: Maybe. But still, we can learn a lot about how to work together.
Fred: Well, I'll join you when you have a game that'll help us finish our homework.

和訳
フレッド：ユキ、またスマホでそんなのをしてるの？
ユキ：　　ええ。フレッド、ゲームをするののなにが悪いっていうの？
フレッド：別に。面白いのは知っているよ。手と目の連携が強化されるんだよね。それはわかるよ。
ユキ：　　ああ、それから暴力的すぎるっていうんでしょう？ 反社会的な行動を助長するとか。それは前にも聞いたわ。
フレッド：それだけじゃないよ。そういったゲームはすべてを善と悪に分けるだろう。人間対エイリアンかモンスターみたいに。現実社会はそんなに白黒はっきりしていないんだ。
ユキ：　　まあね。ドラゴンを倒しているところだし。でも、オンライン上で他のプレーヤーとどうやってチームワークを作り上げるのかを学べるよ。
フレッド：チームワークの構築は現実社会では別物だよ。
ユキ：　　そうかもね。それでも、一緒に取り組むことについては多くを学べるわ。
フレッド：まあ、宿題を終えるのを手伝ってくれるゲームがあれば参加するよ。

☐ wrong with ~	～に良くない点があっ	☐ antisocial [æntisóuʃl]	【形】非社交的な、反社会
	て		的な
☐ enhance [enhǽns]	【動】高める、強める	☐ divide A into B	AをBに分ける
☐ hand-eye coordination	視覚と手の協調、連携	☐ A versus B	A対B
☐ violent [váiələnt]	【形】暴力的な、乱暴な	☐ black and white	白黒がはっきりした
☐ promote [prəmóut]	【動】促進する、助長す	☐ build up ~	～を作り上げる、形作る
	る		

問1 ☐ 34

What is Fred's main point?

① Video games do not improve upper body function.

② Video games do not represent the actual world.

③ Video games encourage a selfish lifestyle.

④ Video games help extend our imagination.

【和訳】 フレッドの発言の要点は何でしょう？
① ゲームは上半身の機能を高めることはない。
② ゲームは現実社会を表していない。
③ ゲームは利己的な生活様式を助長する。
④ ゲームは想像力を伸ばすのに役立つ。

❗ フレッドは3回目の発言 The real world is not so black and white.（現実社会はそんなに白黒はっきりしていない。）と4回目の発言 Building up teamwork is different in real life.（チームワークの構築は現実社会では別物だ。）で、ゲームと現実社会は違うものだという意見を述べています。このように同じような意味合いのことを繰り返している場合は、その人が伝えたい、強調したい内容であることが多いので、注意して聞きましょう。

問2 ☐ 35

What is Yuki's main point?

① It's necessary to distinguish right from wrong in video games.

② It's wrong to use smartphones to play video games.

③ Players can develop cooperative skills through video games.

④ Players get to act out their animal nature in video games.

和訳 ユキの発言の要点は何でしょう？

① ゲームでは善悪の区別を付けることが必要だ。

② ゲームをするためにスマートフォンを使うのは間違いだ。

③ ゲームを通してプレーヤーは協力するスキルを磨くことができる。

④ ゲームの中ではプレーヤーは自分の動物的な性質を表すようになる。

❗ ユキの3回目の発言But we learn how to build up teamwork with other players online. (でも、オンライン上で他のプレーヤーとどうやってチームワークを作り上げるのかを学べる。) で、ゲームがチームワークの構築に役立つことを主張し、それをフレッドに否定されると、4回目の発言ではBut still, we can learn a lot about how to work together. (でも、一緒に取り組むことについては多くを学べる。) と食い下がっています。このことから、ゲームで他人と協力するスキルを学べることを主張していることがわかります。

CHAPTER

2

プレテストの問題を解いてみよう

089

| CHAPTER | 2 | プレテストの問題を解いてみよう |

| SECTION 10 |

第6問B

複数の意見を聞いて、問いの答えとして適切な人物や図表を選ぶ問題
配点：各4点
読み上げ回数：1回
設問数：2問
CEFRに基づく難易度：B1

分析

身近で社会的なトピックスに関して、**複数の人の意見を聞き分ける問題**です。それぞれの話し手が<mark>どのような立ち位置で話しているかを把握し、聞き取った情報を整理する</mark>必要があります。問2では図表が使用されていることから、**短時間で図表を読み取るスキル**も試されます。

対策

事前に与えられた情報から会話の登場人物を把握しましょう。問1はそれぞれの意見を判別して○×を付けていけば、それほど難しい問題ではありません。議論や会話でよく使用される、butやhoweverを使った逆説文やI'm afraid ～を用いた否定的表現など、<mark>賛成や反対を表す回りくどい表現に慣れておきましょう。</mark>

問2は<mark>事前に図表の内容を大まかに理解しておくのがコツ</mark>。そのグラフや図が何を伝えたいのかの見当をつけておくと、問題の攻略に役立ちます。

090

B 　第6問Bは**問1・問2**の2問です。英語を聞き，それぞれの問い
の答えとして最も適切なものを，選択肢のうちから選びなさい。
1回流します。　　　　　　　　　　　🔊 **CD1 TRACK 09**

状況

Professor Johnson がゲーム（video games）について講演した後，
質疑応答の時間がとられています。司会（moderator）が聴衆から
の質問を受け付けています。Bill と Karen が発言します。

問1　四人のうち，ゲームに反対の立場で意見を述べている人を，四つ
の選択肢（①〜④）のうちから**すべて**選びなさい。　　**36**

①　Bill
②　Karen
③　Moderator
④　Professor Johnson

問2　Professor Johnsonの意見を支持する図を，四つの選択肢(①〜④)のうちから一つ選びなさい。　37

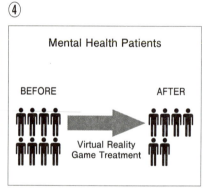

放送された英文

Moderator: Thank you for your presentation, Professor Johnson. You spoke about how one boy improved his focus and attention through video games.

Professor Johnson: Right. Playing video games can make people less distracted. Furthermore, virtual reality games have been known to have positive effects on mental health.

Moderator: OK. Now it's time to ask our audience for their comments. Anyone …? Yes, you, sir.

Bill: Hi. I'm Bill. All my friends love video games. But I think they make too clear a distinction between allies and enemies … you know, us versus them. I'm afraid gaming can contribute to violent crimes. Do you agree?

Professor Johnson: Actually, research suggests otherwise. Many studies have denied the direct link between gaming and violence.

Bill: They have? I'm not convinced.

Professor Johnson: Don't make video games responsible for everything. In fact, as I said, doctors are succeeding in treating patients with mental issues using virtual reality games.

Moderator: Anyone else? Yes, please.

Karen: Hello. Can you hear me? [tapping the microphone] OK. Good. I'm Karen from Detroit. So, how about eSports?

Moderator: What are eSports, Karen?

Karen: They're video game competitions. My cousin made a bunch of money playing eSports in Germany. They're often held in large stadiums ... with spectators and judges ... and big awards, like a real sport. In fact, the Olympics may include eSports as a new event.

Moderator: ... eSports. Professor?

Professor Johnson: Uh-huh. There are even professional leagues, similar to Major League Baseball. Well, eSports businesses are growing; however, eSports players may suffer from health problems.

Moderator: I see. That's something to consider. But right now let's hear from [starts to fade out] another person.

和訳

司会者：ジョンソン教授、ご講演ありがとうございました。1人の少年がどのようにしてゲームを通して集中力や注意力を高めたのかをお話しいただきました。

ジョンソン教授：そうですね。ゲームをすることで人は気が散りにくくなることがあります。さらには、バーチャルリアリティーのゲームは精神衛生にもよい影響を与えることが知られています。

司会者：わかりました。では、聴講された皆さんからのご意見を伺う時間です。どなたか…？　はい、どうぞ。

ビル：こんにちは。ビルといいます。友人たちはみんなゲーム好きです。でも私は敵味方をはっきりと分けすぎだと思います。自分たち側対あちら側、というように。ゲームは暴力犯罪の一因になる恐れもあると思うのですが。同意されますか？

ジョンソン教授：実は研究では違う結果なのです。多くの研究でゲームと暴力の直接的な関連は否定されています。

ビル：本当ですか？　納得できませんね。

ジョンソン教授：ゲームになんでも責任を押し付けてはいけません。先に申し上げた通り、事実、医師がバーチャルリアリティーゲームを使用して、精神的な問題をもつ患者の治療に成功しているのです。

司会者：他にどなたかいませんか？　はい、どうぞ。

カレン：こんにちは。聞こえますか？　（マイクをたたいて）大丈夫ですね、よかった。私はデトロイトから来たカレンといいます。それでは、eスポーツはどうですか？

司会者：カレン、eスポーツとはなんでしょう？

カレン：ゲームの競技です。私のいとこがドイツでeスポーツをして

たくさんお金を稼ぎました。大きな会場でよく開催されていて…観客や審判もいて…それに大きな賞金もあって、まるで本当のスポーツのようです。実際にオリンピックでeスポーツが新種目に加わるかもしれないんです。

司会者：…eスポーツですか。教授？

ジョンソン教授：ええ。野球の大リーグみたいにプロリーグまでありますね。そうですね。eスポーツビジネスは成長してはいますが、プレーヤーは健康上の問題を抱えるかもしれません。

司会者：なるほど。それは考えなくてはいけませんね。それでは、他の方のご意見を聞いてみましょう（音が消え入り始める）。

☐ focus [fóukəs]	【名】集中、集中力	☐ contribute to ~	~の一因となる
☐ attention [əténʃən]	【名】注意、注意力	☐ convince [kənvíns]	【動】納得させる、確信させる
☐ distracted [distrǽktid]	【形】注意散漫な、気を散らした	☐ responsible for ~	~に対して責任がある
		☐ succeed in ~	~に成功する
☐ mental health	心の健康、精神衛生	☐ a bunch of ~	たくさんの~、膨大な~
		☐ spectator [spékteitər]	【名】観客、見物人
☐ distinction between A and B	AとBの区別	☐ similar to ~	~と似ている、~と同じような
☐ allies and enemies	味方と敵、敵味方	☐ suffer from ~	~に苦しむ、~を患う

問1 ☐36☐

① Bill
② Karen
③ Moderator
④ Professor Johnson

和訳 ① ビル
② カレン
③ 司会者
④ ジョンソン教授

❗ ビルは初めの発言で make too clear a distinction between allies and enemies（敵味方をはっきりと分けすぎる）、gaming can contribute to violent crimes（ゲームは暴力犯罪の一因になる恐れがある）と否定的な意見を述べています。語り始めの All my friends love video games.（友達はみんなゲームが好き。）という一文に惑わされないようにしましょう。議論を通してジョンソン教授はゲームに肯定的な意見を述べ、司会者とカレンは特に肯定や否定の意見を述べていません。

問2 　37

① オリンピック種目が増えていることを示す折れ線グラフ
② ゲーム売上額の上位5か国を示した図
③ ゲームをしない人のほうが注意力が高いことを示す棒グラフ
④ バーチャルリアリティーゲームによる治療で精神疾患の患者が減少したことを示す図

❗ ジョンソン教授は1回目の発言でFurthermore, virtual reality games have been known to have positive effects on mental health. とバーチャルリアリティーゲームが精神衛生によい影響を与えることを述べ、さらに3回目の発言でもIn fact, as I said, doctors are succeeding in treating patients with mental issues using virtual reality games. と実際に医療現場でバーチャルリアリティーゲームが精神疾患の治療に活用されていることを述べています。これらから、教授の意見をサポートする図として④を選びます。

CHAPTER 3

予想問題に
チャレンジしよう

SECTION

1 テスト本番で差がつく5つの心がまえ 098
2 第1問 100
3 第2問 105
4 第3問 109
5 第4問 111
6 第5問 114
7 第6問 117
8 第1問　解答と解説 120
9 第2問　解答と解説 124
10 第3問　解答と解説 128
11 第4問　解答と解説 132
12 第5問　解答と解説 136
13 第6問　解答と解説 141

CHAPTER 3 予想問題にチャレンジしよう

SECTION 1

テスト本番で差がつく5つの心がまえ

CHAPTER 3では、ここまで見てきたような共通テストの傾向を踏まえた**オリジナルの予想問題**を用意しました。集中できる環境を整え、入試本番と同じ30分の解答時間を守って解いてみてください。設問を読むスピードや解答時間の配分など、リアルな受験の感覚をつかむことができます。

予想問題にチャレンジする前に、本番でしっかり実力を発揮するために大切な5つの心がまえについて確認しておきましょう。

❶ ベストの健康状態で挑め！

睡眠不足だったり、疲れていたりすると、**耳で聞いて素早く反応する能力**が鈍ってしまうのは言うまでもありません。リスニングには一夜漬けの勉強は通用しませんが、もし通用する一夜漬けがあるとすれば、前日にぐっすり眠っておくことでしょう。

❷ 設問と選択肢に先に目を通せ！

設問は必ず音声が流れる前に読んでおくようにしてください。選択肢に関しても、ザッと目を通し、その**共通点を探っておいて**ください。そうすれば、例えば人名が並んでいる場合には、人名に気をつけて放送を聞くなどの対応ができるからです。

❸ 後ろを振り返るな！

満点を目指すことはよいことですが、例えば一問解き損なった場合に過度に動揺したり、パニックに陥ってしまったりするのはよくありません。リスニングに関しては「解き直し」ということはできませんから、**動揺しても得られるものはありません**。難しいことで

098

すが、すぐに気持ちを切り替えて残りの問題に全力を尽くすようにしましょう。

④ 聞き取れた部分から推測せよ！

　リスニング問題に関しては、よほどの言語経験がない限り、放送される英語が100パーセントすべて聞き取れるということはないでしょう。もちろん、英文を隅から隅まで聞き取れなくても、**ポイントがわかれば問題は解ける**わけですから、聞き取れない部分があっても動揺せずに、聞き取れた部分をつなぎ合わせて内容を推測することが大切です。

⑤ マークシートはしつこく確認せよ！

　マークシートはしつこいくらいに見直すようにしてください。大問の切り替わりのたびに、問題は何番まで進行し、自分のマークシートは何番までマークされているかを必ず確認しましょう。このことによって、もしマークミスをしていた場合でも、ダメージを最小限にとどめることができます。

　それでは、予想問題に挑戦してみましょう。

CHAPTER

3

予想問題にチャレンジしよう

099

CHAPTER 3 予想問題にチャレンジしよう

SECTION 2 第1問

第1問 (配点 24)

第1問はAとBの二つの部分に分かれています。

A 第1問Aは問1から問4までの4問です。それぞれの問いについて，聞こえてくる英文の内容に最も近い意味のものを，四つの選択肢(①〜④)のうちから一つずつ選びなさい。**2回流します。**

問1　| 1 |

① The speaker forgot the location of the party.
② The speaker held a party.
③ The speaker left something on the train.
④ The speaker had to change her plans.

問2　| 2 |

① The speaker had to walk to school.
② The speaker doesn't like snow.
③ The speaker passed an entrance exam.
④ The speaker slipped on the road.

問3 　3

① The speaker drank too much water.
② The speaker was sweating a lot because he ran.
③ The speaker bought a lot of water.
④ The speaker needed a drink badly.

問4 　4

① The speaker went to bed earlier than usual.
② The speaker stayed up all night.
③ The speaker oversleeps every morning.
④ The speaker didn't wake up on time.

B　第1問Bは問1から問3までの3問です。それぞれの問いについて、聞こえてくる英文の内容に最も近い絵を、四つの選択肢(①～④)のうちから一つずつ選びなさい。2回流します。

CD2 TRACK 02

問1　　5

①

②

③

④

問2　6

①

②

③

④

問3　　7

①

②

③

④

| CHAPTER | 3 | 予想問題にチャレンジしよう |

SECTION 3

第2問

第2問 (配点 12)

第2問は問1から問4までの4問です。それぞれの問いについて、対話の場面が日本語で書かれています。対話とそれについての問いを聞き、その答えとして最も適切なものを、四つの選択肢(①~④)のうちから一つずつ選びなさい。2回流します。 🔊 **CD2 TRACK 03**

問1　釣りをする場所について話をしています。　　8

問2　アイスクリームの売り上げについて話をしています。　　9

①
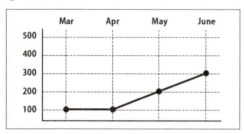

②
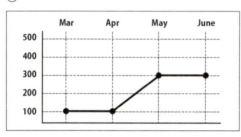

③
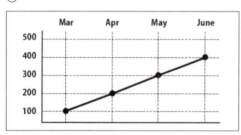

④
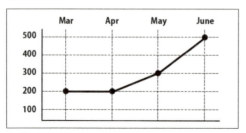

問3 なくしたバッグについて話をしています。　10

①

②

③

④

問4　公園ですることについて話をしています。　11

①

②

③

④

CHAPTER	3	予想問題にチャレンジしよう

SECTION	
4	第3問

第3問

(配点　16)

　第3問は**問1**から**問4**までの4問です。それぞれの問いについて，対話の場面が日本語で書かれています。対話を聞き，問いの答えとして最も適切なものを，四つの選択肢（**①**〜**④**）のうちから一つずつ選びなさい。（問いの英文は書かれています。）**2回流します。** 🔊 CD2 TRACK 04

問1　友人同士がウナギについて話しています。

What does the man recommend?　　12

① A cooking school.

② A fishing book.

③ A restaurant.

④ A map.

問2　先生と生徒が教室で話しています。

What does the teacher ask the student to do?　　13

① Take care of the flowers.

② Buy some medicine.

③ Visit Jim's house.

④ Bring Jim to a clinic.

109

問3 ホテルで客とフロント係が電話で話しています。

What's wrong with the water?　　14

① It's too hot to drink.

② It's not warm enough for showering.

③ It's too weak to wash with.

④ It's a strange color.

問4 友達同士がカフェについて話しています。

What does Alisa think about the café?　　15

① The workers' attitude is not good.

② The shop's air is bad.

③ The prices are not reasonable.

④ The shop is too far from her home.

| CHAPTER | 3 | 予想問題にチャレンジしよう |

| SECTION | 5 |

第4問

第4問　　　　　　　　　　　　　　　　　　　　（配点　12）

第4問はAとBの二つの部分に分かれています。

A　　第4問Aは問1・問2の2問です。話を聞き，それぞれの問いの答えとして最も適切なものを，選択肢のうちから選びなさい。1回流します。　　　　　　　　　　　　　　　　　CD2 TRACK 05

問1　男性が昨日の出来事について話しています。話を聞き，その内容を表したイラスト（①〜④）を，聞こえてくる順番に並べなさい。

16 → 17 → 18 → 19

①

②

③

④

問2 あなたは観光地の遊覧船に乗ろうとしています。遊覧船の音声ガイドの説明を聞き，下の表の四つの空欄 20 〜 23 にあてはめるのに最も適切なものを，五つの選択肢（①〜⑤）のうちから一つずつ選びなさい。選択肢は2回以上使ってもかまいません。

① 10   ② 20   ③ 30   ④ 50   ⑤ 60

Tour Boat	Route	Usual price and	Operation time
	South Mountain to North Bridge	$ 20	20 minutes
	North Bridge to West Park	$ 21	25 minutes
	South Mountain to West Park	$ 22	23 minutes

B　第4問Bは問1の1問です。四人の説明を聞き，問いの答えとして最も適切なものを，選択肢のうちから選びなさい。メモを取るのに下の表を使ってもかまいません。**1回流します。**

🔊 **CD2 TRACK 06**

状況

あなたは来月キャンプに旅行にいくために，テントを選んでいます。テントを選ぶにあたって，あなたが考えている条件は以下のとおりです。

条件

A.　明るい色のテント。

B.　重さは5キロまで。

C.　大人3人が宿泊可能。

	A　Color	B　Weight	C　Capacity
① 　A-1			
② 　A-2			
③ 　A-3			
④ 　A-4			

問1　店員の説明を聞き，上の条件に最も合うテントを，四つの選択肢（①〜④）のうちから一つ選びなさい。　　24

① 　A-1

② 　A-2

③ 　A-3

④ 　A-4

113

CHAPTER 3 予想問題にチャレンジしよう

SECTION 6

第5問

第5問 　　　　　　　　　　　　　　　　　　　　　（配点 20）

　第5問は問1(a)〜(c)と問2の2問です。講義を聞き，それぞれの問いの答えとして最も適切なものを，選択肢のうちから選びなさい。状況と問いを読む時間（約60秒）が与えられた後，音声が流れます。**1回流します。**

🔊 **CD2 TRACK 07**

> 状況
> あなたは日本で行われた，あるニュージーランド人の自然愛好家のワークショップで，絶滅危惧種や外来種・在来種について，ワークシートにメモを取りながら，講義を聞いています。

ワークシート

○ The number of species facing extinction around the world.

<u>In 2019</u>

Among the all species in the world, about 　25　 are facing extinction.

○ The relationship between alien, and endangered species.

> In the places where 　26　 species are destroying the 　27　 species.
>
>
>
> We should 　28　 the alien species to save the endangered species.

114

> In the places where alien species are harmonizing with the 29 species.
>
> In the places where 30 species themselves are an endangered species.
>
> ⬇
>
> We should not 31 the alien species from the environment.

問1 (a) ワークシートの空欄 25 を埋めるのに最も適切なものを，六つの選択肢(①〜⑥)のうちから一つ選びなさい。

① one hundred   ② two thousand

③ two thousand fifty   ④ five thousand

⑤ twenty-eight thousand

⑥ one hundred and five thousand

(b) ワークシートの表の空欄 26 〜 31 にあてはまるのに最も適切なものを，四つの選択肢(①〜④)のうちから一つずつ選びなさい。選択肢は2回以上使ってもかまいません。

① alien   ② native   ③ remove   ④ save

(c) 講義の内容と一致するものはどれか。最も適切なものを，四つの選択肢(①〜④)のうちから一つ選びなさい。 32

① The extinction of some dinosaurs is thought to have been caused by alien animals.

② It is important to protect commercial activities to save the environment.

③ In New Zealand, the government decided to use sheep dogs

to protect endangered species.

④ The main reason for the extinction of species is human activity.

問2 講義の続きを聞き，下の図から読み取れる情報と講義全体の内容から，どのようなことが言えるか，最も適切なものを，四つの選択肢(①〜④)のうちから一つ選びなさい。 　33

Animal groups	Number of species critically endangered
Mammals	202
Birds	224
Fishes	489
Insects	301

IUCN provides in 2019

① The reason that mammals have the smallest number of critically endangered species is that they breed strongly.

② Due to global warming, fish have the largest number of critically endangered species.

③ Even if the New Zealand's government's attempt works, the number of critically endangered fish species will exceed 500 soon.

④ One native bird in New Zealand is counted among the 224 in the box for critically endangered bird species.

| CHAPTER | 3 | 予想問題にチャレンジしよう |

SECTION 7

第6問

第6問

（配点　16）

第6問はAとBの二つの部分に分かれています。

A　第6問Aは問1・問2の2問です。二人の対話を聞き，それぞれの問いの答えとして最も適切なものを，四つの選択肢（①〜④）のうちから一つずつ選びなさい。（問いの英文は書かれています。）**1回流します。**　🔊 **CD2 TRACK 08**

状況
二人の大学生のMika（女性）とDan（男性）が，コンビニの深夜営業について話しています。

問1　What is Mika's main point?　| 34 |

① There should be more convenience stores.

② Convenience stores should hire a lot more people.

③ Convenience stores should be open all year round.

④ Convenience stores should stop operating late at night.

117

問2　What is Dan's main point?　[　35　]

① Working night shifts should be prohibited.
② The wages for working during the midnight hours should be much higher.
③ Improving the workers' working style is necessary.
④ Staying open around the clock is essential for convenience stores.

[B]　第6問Bは問1・問2の2問です。英語を聞き，それぞれの問いの答えとして最も適切なものを，選択肢のうちから選びなさい。**1回流します。**　🔊 **CD2 TRACK 09**

状況
Professor Smithが日本の大学で労働環境の改善について講演した後，質疑応答の時間がとられています。司会（moderator）が聴衆からの質問を受け付けています。AkiとRayが発言します。

問1　四人のうち，問題のある労働環境の原因は企業にあると意見を述べている人を，四つの選択肢（①～④）のうちからすべて選びなさい。[　36　]

① Aki
② Moderator
③ Professor Smith
④ Ray

問2 Professor Smith の意見を支持する図を，四つの選択肢（①〜④）のうちから一つ選びなさい。　37

①

②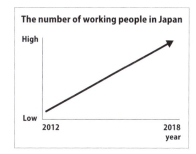

③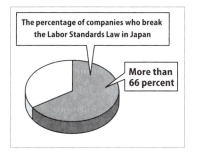

④

Working Hours in 2018 Country Ranking			
Ranking	Country	hours/year
1	Mexico	2,148
2	Costa Rica	2,121
3	South Korea	1,993

CHAPTER 3 予想問題にチャレンジしよう

SECTION 8 第1問　解答と解説

第1問A

解答　1 : ④　　2 : ①　　3 : ④　　4 : ④

 解説

問1　1

放送された英文　I was going to go to a party but something urgent came up.
和訳　パーティーに参加するはずだったが、急用ができてしまった。

① The speaker forgot the location of the party.
② The speaker held a party.
③ The speaker left something on the train.
④ The speaker had to change her plans.

和訳
① 話し手はパーティーの場所を忘れた。
② 話し手はパーティーを開いた。
③ 話し手は電車に何か忘れ物をした。
④ 話し手は予定を変更しなければならなかった。

❗ was going to ～「～するつもりだった（がしなかった）」という表現から、パーティーに行けなかったことが推測できます。また、something urgent came up は「急用ができた」といった意味を表し、はっきり理由を述べずに断る際によく使用されます。

問2　2

放送された英文　The heavy snow stopped my train, so I went to school on foot.

和訳 大雪で電車が止まってしまったので、歩いて学校に行った。

① The speaker had to walk to school.
② The speaker doesn't like snow.
③ The speaker passed an entrance exam.
④ The speaker slipped on the road.

和訳 ① 話し手は歩いて学校に行かなければならなかった。
　　② 話し手は雪が苦手だ。
　　③ 話し手は入学試験に受かった。
　　④ 話し手は道路で滑った。

💡 heavy snow（大雪）、stopped my train（電車を止めた）、on foot（徒歩で）などから話し手の状況を把握すること。天気に関する問題はよく出題されるので、単語や表現をしっかり頭に入れておきましょう。

・・

問3　　3

放送された英文 I exercised for a long time. I was getting thirsty, and I really wanted something to drink.

和訳 私は長時間運動をした。喉がだんだん渇いてきて、無性に飲み物が欲しくなった。

① The speaker drank too much water.
② The speaker was sweating a lot because he ran.
③ The speaker bought a lot of water.
④ The speaker needed a drink badly.

和訳 ① 話し手は水を飲みすぎた。
　　② 話し手は走ったのでたくさん汗をかいていた。
　　③ 話し手は水をたくさん買った。
　　④ 話し手は飲み物がとても欲しかった。

💡 be getting ～は「だんだんと～（の状態）になってくる」など、状況の変化を表します。I really wanted と強調語の really を使用し、「とても飲み物が欲しかった」ことを伝えています。④の badly は「まずく、下手に」の意味のほか、「とても、ひどく」と強調する意味でも使われます。

CHAPTER 3 予想問題にチャレンジしよう

121

問4 　4

> 放送された英文 I overslept this morning because I stayed up late and didn't get enough sleep last night.
> 和訳 昨夜、夜更かししてあまり眠れなかったので、今朝は寝過ごしてしまった。
>
> ① The speaker went to bed earlier than usual.
> ② The speaker stayed up all night.
> ③ The speaker oversleeps every morning.
> ④ The speaker didn't wake up on time.
> 和訳 ① 話し手はいつもより早く床に就いた。
> ② 話し手は徹夜した。
> ③ 話し手は毎朝寝過ごしている。
> ④ 話し手は時間通りに起きなかった。

overslept は oversleep（寝過ごす）の過去形、stay up late は「夜更かしする」という意味です。それぞれの単語・表現をしっかりと聞き取りましょう。選択肢④の on time は「時間通りに」という意味です。

・・・

第1問B

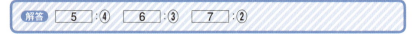

問1 　5

> 放送された英文 The rain stopped, and then there was a rainbow in the sky.
> 和訳 雨がやんで、それから空に虹が出た。
>
> ① 雨が降っている。
> ② 空が黒い雲に覆われている。
> ③ 雲の間から太陽が顔を出している。
> ④ 空に虹がかかっている。

122

！ センター試験の頃から天気に関する問題は頻出しています。rain、rainbow などの気象関係のキーワードを押さえ、and then という時間の経過を表す表現に注目すれば、「降っていた雨がやんで、その後に虹が出た」という状況を把握することができます。

問2　　6

放送された英文 I visited a café, but all of the tables were occupied.
和訳 カフェに行ったが、満席だった。

① カフェの客席が一つ空いている。
② カフェのほとんどの席が空いている。
③ カフェは満席である。
④ カフェは閉店している。

！ まず選択肢のイラストからカフェの状態を問う問題が出ることを予想し、注意深く英文を聞きましょう。all of the tables（全ての席）が occupied（使用中）であることから、③のイラストが正解です。

問3　　7

放送された英文 The boy called up his friend, but she didn't answer the phone because she had already gone to sleep.
和訳 少年は友達に電話をしたが、彼女はもう寝入っていたので電話に出なかった。

① 友達と電話で話している。
② 電話をしたとき、友達は寝ていた。
③ 電話をしたとき、友達は食器を洗っていた。
④ 電話をしたとき、友達は電車に乗っていた。

！ call up（電話を掛ける）や answer the phone（電話に出る）は電話に関する基本的な表現です。また、ここでのポイントは、because 以下で伝えている電話に出なかった理由です。she had already gone to sleep（彼女はすでに眠っていた）と言っています。

CHAPTER 3　予想問題にチャレンジしよう

CHAPTER 3 予想問題にチャレンジしよう

SECTION 9 第2問 解答と解説

解答 　8 ：②　　9 ：①　　10 ：③　　11 ：③

✓ 解説

問1　8

放送された英文

M: Fish in this pond usually gather under the boats on the shore.
W: But all of the boats are away from the shore today.
M: See. I think the spot under the bridge is a good place.
W: I see. Let's go and fish there.

Question: Where will they start fishing?

和訳　男性：この池の魚はたいてい岸のボートの下に集まっているよ。
　　　　女性：でも今日はボートが全部、岸から出ているわ。
　　　　男性：ほら、その橋の下なんかはいい場所だと思うよ。
　　　　女性：わかった。そこに行って釣りましょう。

問題：彼らはどこで釣りを始めますか？

① 大きな木の辺り
② 橋の辺り
③ せり出した岬の辺り
④ 川と池の合流点の辺り

❗ under the boats（ボートの下）、on the shore（岸辺の）、away from the shore（岸から離れて）など場所を示す表現が多数出てきます。会話前半のboatsとshoreに関する会話に惑わされず、後半のunder the bridge is a good place（橋の下が良い場所だ）をしっかり聞き取りましょう。

問2 [9]

放送された英文

W: How were the sales of the ice cream these last four months?

M: March and April were almost the same. We sold about 100 a month.

W: I see. How about the next two months?

M: Sales increased by about 100 each month.

Question: Which is the correct sales table?

和訳 女性:この4か月のアイスクリームの売り上げはどうでしたか？
男性:3月と4月はほぼ同じです。1か月に約100個売れました。
女性:そうですか。次の2か月はどうですか？
男性:毎月約100個ずつ売り上げが増えました。

問題:どれが正しい売上表でしょうか？

① 3月と4月は100個、5月は200個、6月は300個
② 3月と4月は100個、5月と6月は300個
③ 3月は100個、4月は200個、5月は300個、6月は400個
④ 3月と4月は200個、5月は300個、6月は500個

英文を聞いて適切なグラフを選ぶ問題です。3月と4月の売り上げは almost the same（ほぼ同じ）であり、月に100個の売り上げがあったと話しています。また、残りの2か月は increased by about 100 each month（毎月約100個ずつ増えた）と言っていることから、5月はプラス100個で200個、6月はさらに100個増加して300個となります。

問3 [10]

放送された英文

M: Would you tell me what your lost bag looks like?

W: It's black and has a long shoulder strap.

125

M: I see. Does it have a ribbon on the front?
W: Yes, it does.

Question: Which bag is the woman looking for?

【和訳】男性：紛失したのはどんなバッグか教えてもらえますか？
女性：黒色で長いショルダーストラップが付いています。
男性：そうですか。正面にリボンが付いていますか？
女性：はい、付いています。

問題：女性が探しているのはどのバッグですか？

① 長いストラップの付いた黒のショルダーバッグ
② リボンと長いストラップが付いた白のショルダーバッグ
③ リボンと長いストラップが付いた黒のショルダーバッグ
④ リボンが付いた白のハンドバッグ

❗ イラストを比較してバッグの色、ショルダーストラップなどの特徴、リボンの有無などの違いをあらかじめ把握しておきましょう。会話から black（黒い）、long shoulder strap（長いショルダーストラップ）、ribbon on the front（正面にリボン）という特徴を聞き取れれば、③ の正答にたどり着けます。

問4　　11

【放送された英文】
W: Let's play baseball in the park.
M: Sounds like fun, but the park has banned sports using bats, rackets, or clubs.
W: That's too bad. How about playing basketball?
W: That's fine, but I don't have a ball.

Question: Which sports are banned in the park?

【和訳】女性：公園で野球をしましょう。

男性：楽しそうだね。でもバットやラケット、クラブを使うスポーツは公園で禁止されているよ。

女性：残念だわ。バスケットボールをするのはどう？

男性：構わないよ。でもぼくはボールを持ってないよ。

問題：公園で禁止されているのはどのスポーツですか？

① バスケットボール
② サイクリング
③ バドミントン
④ 縄跳び

会話ではbats（バット）、rackets（ラケット）、clubs（クラブ）を使用するスポーツが禁止されていると話しています。複数形の聞き取りにも注意しましょう。この禁止条件に当てはまるスポーツは③のバドミントンです。会話中に直接の答えはなく、会話から得た情報を手がかりにして正答を導き出します。

| CHAPTER | **3** | 予想問題にチャレンジしよう |

SECTION	
10	# 第3問　解答と解説

10

第3問　解答と解説

解答 　12 : ③　　13 : ①　　14 : ②　　15 : ③

☑ **解説**

問1　　12

放送された英文

W: Have you ever eaten eel?

M: Yes, I have, but it's very expensive these days.

W: Let's fish for it and try cooking it.

M: It's too rare to catch, and too hard to cook. Let's go to my favorite eel place. Their prices are quite reasonable.

和訳 女性：うなぎを食べたことはある？
　　　男性：うん、あるよ。でもこの頃はとても高いよね。
　　　女性：うなぎを釣って料理してみましょうよ。
　　　男性：釣れることなんてめったいないよ。それに料理するのも難しすぎるし。僕の好きなうなぎ屋さんに行こうよ。なかなか良心的な価格なんだ。

What does the man recommend?

① A cooking school.

② A fishing book.

③ A restaurant.

④ A map.

和訳 男性は何を勧めていますか？
　　① 料理教室。
　　② 釣りの本。
　　③ レストラン。
　　④ 地図。

128

> 選択肢に目を通すと、料理や釣り、場所に関することが会話に出てくると推察できます。うなぎを釣って料理しようと提案する女性に対し、男性は It's too rare to catch, and too hard to cook. と too ~ to ... (~すぎて…できない) を使った否定表現で女性の提案を却下しています。さらに Let's go to my favorite eel place. で自分のお気に入りの eel place (うなぎ屋) に誘っています。ここで使われている place は「~屋」の意味。noodle place (ラーメン屋)、coffee place (コーヒー屋)というようにカジュアルな日常会話でよく使用されるので覚えておきましょう。

CHAPTER

3

予想問題にチャレンジしよう

問2　　13

放送された英文

M: Mika, would you do me a favor?

W: Sure, what is it?

M: It's Jim's turn to water the flowers today, but he is absent from school because he has a bad cold.

W: OK, I will do it for him. I hope he gets well soon.

和訳 男性：ミカ、お願いがあるんだけれども。
女性：いいですよ。なんでしょう？
男性：ジムが今日の花の水やり当番なのだけど、ひどい風邪で学校を休んでいるんだ。
女性：わかりました、私が代わりにやります。ジムが早く元気になるといいですね。

What does the teacher ask the student to do?

① Take care of the flowers.

② Buy some medicine.

③ Visit Jim's house.

④ Bring Jim to a clinic.

和訳 先生は生徒に何をするようお願いしていますか？
① 花の世話をすること。
② 薬を買うこと。
③ ジムの家を訪ねること。
④ ジムを病院に連れていくこと。

129

❗ Would you do me a favor?（お願いがあるのですが）や It's one's turn（○○の番です）など、よく使う口語表現が散りばめられています。先生の生徒への依頼は water the flowers（花に水をやる）こと。したがってそれを言い換えた Take care of the flowers. が正答となります。absent from school（学校を欠席する）など、基本的な表現も押さえておきましょう。

問3　[14]

放送された英文

W: Hi, front desk? This is Amy Rockwell. My room number is 441.

M: How can I help you?

W: There's no hot water in my shower. I tried to turn up the temperature but it hasn't gotten hotter at all.

M: I'm sorry, ma'am. I will send someone to your room at once.

和訳　女性：もしもしフロントですか？　こちらはエミー・ロックウェル。部屋番号は441です。
　　　男性：どんなご用件でしょうか？
　　　女性：シャワーのお湯が出ないのです。温度を上げようとしたのですが、全く温かくならなくて。
　　　男性：申し訳ありません、お客様。すぐに誰かをお部屋に伺わせます。

What's wrong with the water?

① It's too hot to drink.

② It's not warm enough for showering.

③ It's too weak to wash with.

④ It's a strange color.

和訳　水にどんな問題がありますか？
　　　① 熱すぎて飲めない。
　　　② シャワーを浴びるのに十分な温かさにならない。
　　　③ 水の勢いが弱くて体を洗えない。
　　　④ 色がおかしい。

💡 hot、water、shower、room などカタカナ語になっている単語が多く
出てきますが、英語での正しい発音を覚えておかなければ聞き取れな
いこともあります。また、turn up はリエゾンで turn の n（子音）と
up の u（母音）がつながり「タナッ（プ）」と聞こえます。女性の2回
目の発言で There's no hot water in my shower.（シャワーのお湯が
出ない）と言っているので②が正解。

問4　　15

放送された英文

M: Hi, Alisa. Have you been to the new café near the station?

W: Yes, I went there yesterday.

M: How was it? It looks very fashionable, and it's crowded every
day.

W: The service and the atmosphere are perfect for me, but the
prices are too high to go there every day.

和訳 男性：やあ、アリサ。駅の近くの新しいカフェに行ったかい？
女性：ええ、昨日行ったわよ。
男性：どうだった？　すごくおしゃれそうだよね。それに毎日人でいっぱいだし。
女性：サービスや雰囲気は申し分ないわ。でも毎日行くにはちょっと高すぎる
わね。

What does Alisa think about the café?

① The workers' attitude is not good.

② The shop's air is bad.

③ The prices are not reasonable.

④ The shop is too far from her home.

和訳 アリサはそのカフェをどう思っていますか？
① 従業員の態度がよくない。
② 雰囲気が悪い。
③ 値段が手頃ではない。
④ 店が家から遠すぎる。

💡 選択肢に目を通すと、カフェの従業員や雰囲気、価格、場所に関する
意見を聞きとればよいことがわかります。service（サービス）と
atmosphere（雰囲気）を完璧だと褒めていますが、値段は too high（高
い）と評価しています。自分の家からの距離には言及していないので、
正解は not reasonable（安くない）の③となります。

131

CHAPTER 3 予想問題にチャレンジしよう

SECTION 11

第4問 解答と解説

第4問A

解答
| 16 : ③ | 17 : ④ | 18 : ② | 19 : ① |
| 20 : ③ | 21 : ① | 22 : ② | 23 : ⑤ |

 解説

問1 16 ～ 19

放送された英文

Yesterday, I overslept and jumped out of bed when I woke up. I started to prepare to go to work, but then I realized it was Sunday. I was relieved and went to bed again without recharging my cell phone battery, which was empty. I slept past noon, and at last got out of bed. Just then I remembered that my girlfriend, Lisa and I were going to meet at ABC Station at noon that day. She had been waiting at the station for a long time and was very upset. She tried to call me many times, but my cell phone was dead and I couldn't answer it.

和訳 昨日、私は目を覚ましたとき、寝過ごしていてベッドから飛び起きました。仕事に行く支度を始めましたが、その後、日曜日であることに気づきました。私は安心して、バッテリーが切れた携帯電話の充電もせずにベッドに戻りました。昼過ぎまで寝て、やっとベッドから起き出しました。ちょうどそのとき、ガールフレンドのリサとその日の正午にABC駅で待ち合わせをする予定だったことを思い出しました。彼女は駅で長時間待っていて、とても怒っていました。彼女は何度も私に電話しようとしたのですが、携帯電話のバッテリーが切れていて、私は電話に出られませんでした。

- □ overslept 【動】oversleep（寝過ごす）の過去形・過去分詞形
- □ out of bed ベッドから出て
- □ woke up wake up（目を覚ます）の過去形
- □ at last ついに、やっと
- □ recharge [riːtʃáːrdʒ] 【動】充電する
- □ cell phone 携帯電話
- □ be動詞過去形＋going to ～ ～するつもりだった（が、しなかった）
- □ for a long time 長い時間
- □ upset [ʌpsét] 【形】腹を立てて、混乱して、動揺して
- □ dead [déd] 【形】（電池が）切れた、壊れた

① 女性が駅の前で携帯電話をかけている。

② 女性が駅の前で怒っている。

③ 男性が飛び起きている。

④ 仕事支度中に日付を確認した後、男性が寝ている。

> **16** ：③　**17** ：④　**18** ：②　**19** ：①

❗ まずイラストがどういった状況を表しているのかを確認してから、リスニングに取り組みましょう。男性は寝過ごしてベッドから飛び起きました（I overslept and jumped out of bed）。しかし、日曜日だと気づいて二度寝してしまいます（I realized it was Sunday. I was relieved and went to bed again）。昼過ぎに目を覚まして女性との約束を思い出しますが、長時間待たされた女性はカンカンです（very upset）。そして最後に、女性が何度も電話したのに通じなかった（She tried to call me many times, but ...）と、女性が怒っている理由を述べています。登場人物の行動や様子をとらえて、合うイラストを順に選んでいきましょう。

問2　　**20**　〜　**23**

放送された英文

This is a list of three boat tours of White Lake. These tours are very popular with foreign tourists because each of them has very photogenic scenery, and tourists can take good pictures. The tour from South Mountain to North Bridge by Black Swan boat takes 30 minutes and costs 20 dollars. The tour from North Bridge to West Park by Monster boat takes 25 minutes and the cost is half that of the Black Swan boat tour. The Pirate boat tour is the most popular tour. It takes 60 minutes and the cost is double that of the Monster boat tour.

和訳 こちらはホワイトレイクの3つのボートツアーのリストです。これらのツアーは外国人観光客にとても人気があります。どのツアーも風景がとても写真向きで、良い写真が撮影できるからです。ブラックスワンボートでのサウスマウンテンからノー

133

スブリッジまでのツアーは約30分で料金は20ドル。モンスターボートでのノースブリッジからウエストパークまでのツアーは25分で料金はブラックスワンボートツアーの半額です。海賊船ツアーは一番人気です。ツアーは60分で料金はモンスターボートツアーの倍です。

- popular with 〜　　〜に人気がある
- photogenic scenery　写真映えする風景、フォトジェニックな風景
- take 〜 minutes　（時間が）〜分かかる
- cost 〜 dollars　（費用が）〜ドルかかる

| 20 | ③ | 21 | ① | 22 | ② | 23 | ⑤ |

❗ イラストやルート、料金、所要時間など、あらかじめ与えられた情報に目を通し、音声を聞きながら表の空欄に当てはまる数字をメモしていきましょう。数そのものを言わず、half of 〜（〜の半分）や double of 〜（〜の倍）といった表現で述べているものもあるため、聞き取った内容と表を比較したり、簡単な計算をしたりする必要があるので、落ち着いて聞きましょう。

・・

第4問 B

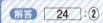 解答　24 : ②

 解説

問1　24

> 放送された英文
>
> 1. Product number A-1. This tent can hold up to six people. It takes no time and effort to set up. The cloth is water resistant, and it weighs only 7 kg. The color is light orange.
>
> 2. Product number A-2. Capacity of this tent is four people. The cloth is light blue and is water-proof. It weighs 4 kg and has a strong, wind resistant frame. Usual set up time is around 20 minutes.

3. Product number A-3. You can carry this tent with one hand; it weighs only 2 kg. This water-proof tent can hold one to three people. The color is a dark green designed to harmonize with the woods. It is recommended for bird watchers.

4. Product number A-4. This all-weather bright red tent is very popular. This tent is designed to be set up by one person and weighs 2.5 kg. You can set it up easily in bad weather. This tent can hold two people.

和訳 1.商品番号A-1：このテントは6人まで収容可能です。組み立てに時間も手間もかかりません。生地は耐水性で重さはたった7キロです。色は明るいオレンジです。

2. 商品番号A-2：このテントの収容人数は4名です。生地はライトブルーで防水です。重さは4キロで頑丈な耐風フレームを使用しています。組み立て時間は通常約20分です。

3. 商品番号A-3：このテントはたった2キロで片手でも持ち運べます。この防水テントは1〜3名まで収容可能です。色はダークグリーンで、森と調和するデザインになっています。バードウォッチングをする人におすすめです。

4. 商品番号A-4：この全天候型の明るい赤のテントは大変人気です。このテントは1人で組み立てられるように設計されており、重さは2.5キロです。悪天候の中でも簡単に設営できます。テントには2名まで収容できます。

☐ product number	製品番号	☐ water resistant	耐水(性)の
☐ up to 〜	最大〜まで	☐ weigh [wéi]	【動】…の重さがある
☐ take no time and effort	時間や手間がかからない	☐ capacity [kəpæsəti]	【名】収容能力、定員
☐ set up	組み立てる	☐ wind resistant	耐風(性)の
☐ cloth [klɔ́(ː)θ]	【名】生地	☐ harmonize with 〜	〜と調和する
		☐ recommended for 〜	〜を対象にしている
		☐ bird watcher	野鳥観察者、バードウォッチャー

① A-1
② **A-2**
③ A-3
④ A-4

🔈 音声を聞きながら問題用紙に書かれた表に○×マークやメモを書き入れ、条件に合わせてテントを比較検討します。収容人数についてhold up to 〜やcapacityなど、さまざまな言い方で伝えていることに注意しましょう。「明るい色」「重さ5キロまで」「大人3名宿泊可能」という3つの条件を満たすのは、収容人数（capacity）がfour people（4名まで）で、生地がライトブルー、重さが4キロのA-2です。

CHAPTER 3 予想問題にチャレンジしよう

SECTION 12　第5問　解答と解説

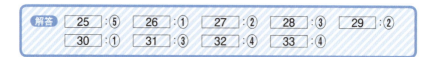

問1

> 放送された英文
>
> 　　In 2019, the International Union for Conservation of Nature (IUCN) announced, about twenty-eight thousand species out of one hundred and five thousand species are going to become extinct around the world. Unlike the dinosaurs that vanished from the earth, the main causes of the extinctions species are facing now are thought to be artificial. One of the artificial causes is alien species introduced by our activities.
>
> 　　For example, Argentine Ants, originally from Argentina, are now found in several areas in Japan. They breed strongly, and are threatening Japanese native ants. In contrast, Japanese winged ants, one type of Japanese native ant, were brought to the US similarly by commercial processes. They are displacing US native ants and keep harming the US's natural environment. These ants were introduced by humans' commercial activities.
>
> 　　In New Zealand, originally there were almost no mammals except bats, whales and sea lions. However, due to human activities, a lot of alien mammals, like mice and possums, have been brought into the land and are harming the environment. The mammals have been driving the native birds to extinction. In 2016, the government decided to eliminate wild alien mammals from the land by 2050. One

of the birds, the Kakapo, is still listed as a critically endangered species, but its numbers grew in 2019.

Thus, in some places, destroying alien species might simply be good for the environment and species. However, but we should remember that there are cases in which alien species themselves are facing extinction or in which some of the alien species harmonize with the native species and have an important role in their new home. Removing the alien species does not always work.

和訳 2019年、国際自然保護連合（IUCN）は、世界で105,000種のうち約28,000の種が絶滅しようとしていると発表しました。地球から姿を消した恐竜とは違い、現在、直面している種の絶滅の主因は、人為的なものだと考えられています。人為的要因の一つとして挙げられるのが、私たちの活動によって持ち込まれる外来種です。

例えば、アルゼンチン原産のアルゼンチンアリは、現在、日本のいくつかの地域で見つかっています。アルゼンチンアリは繁殖力が強く、日本の在来種のアリを脅かしています。一方で、日本の在来種のアリの一種、日本の羽アリは商業的プロセスを経て同様にアメリカに持ち込まれました。日本の羽アリはアメリカ在来種のアリに取って代わりつつあり、アメリカの自然環境に被害を与え続けています。これらのアリは人間の商業活動により持ち込まれたのです。

ニュージーランドにはコウモリやクジラ、アシカを除き、本来はほとんど哺乳類が生息していませんでしたが、人間の活動によりネズミやポッサムなど多数の外来種の哺乳類が国土に持ち込まれ、環境に被害を与えています。その哺乳類は在来種の鳥類を絶滅に追いやっています。2016年、ニュージーランド政府は野生の外来種の哺乳類を2050年までに国土から駆除することを決定しました。こうした鳥の一種フクロウオウム鳥はいまだ深刻な絶滅危惧種に名を連ねていますが、2019年には生息数が増加しました。

このように、場所によっては、外来種の駆逐が環境と種にとってシンプルに良いことなのかもしれません。しかし、外来種そのものが絶滅の危機に瀕している場合や、外来種の中には在来種と調和して、新しい土地で重要な役割を果たしているものもいる場合があることを忘れてはなりません。外来種を駆除することが必ずしもうまくいくわけではないのです。

□the International Union for Conservation of Nature	国際自然保護連合	□displace [displéis]	【動】～に取って代わる、～を立ち退かせる
□extinct [ikstíŋkt]	【形】絶滅した、消滅した	□natural environment	自然環境
□vanish from ～	～から消える、～からなくなる	□mammal [mǽml]	【名】哺乳動物、哺乳類
		□due to ～	～のせいで、～が原因で
□face	【動】直面する	□drive ～ to ...	～を…(の状態)に追いやる
□be thought to be ～	～だと考えられている		
□artificial [ὰːrtífiʃəl]	【形】人工的な、人為的な	□eliminate [ilímineit]	【動】～を除外する、撲滅する
□alien species	外来種		
□native [néitiv]	【形】土着の、天然の、先住の	□critically	【副】決定的に、非常に、重篤で
□in contrast	その一方で、対照的に	□harmonize with ～	～と調和する
□commercial process	商業的な方法、商業的な過程	□not always ～	必ずしも～とは限らない

137

ワークシートの訳

The number of species facing extinction around the world.（世界中で絶滅に瀕している種の数）/ In 2019
（2019年）/ Among the all species in the world, about ⬚25 are facing extinction.（世界のすべての種
の中で、約 25 種が絶滅に瀕している。）/ The relationship between alien, native, and endangered
species.（外来種、在来種、絶滅危惧種の関係性）/ In the places where 26 species are destroying the
27 species.（ 26 種が 27 種を滅ぼしている場所）/ We should 28 the alien species
to save the endangered species.（絶滅危惧種を守るために外来種を 28 すべきである。）/ In the
places where alien species are harmonizing with the 29 species.（外来種が 29 種と調和して
いる場所）/ In the places where 30 species themselves are an endangered species.（ 30 種そ
のものが絶滅危惧種となっている場所）/ We should not 31 the alien species from the environment.
（その環境から外来種を 31 すべきではない。）

問1(a) ⬚25

① one hundred

② two thousand

③ two thousand fifty

④ five thousand

⑤ twenty-eight thousand

⑥ one hundred and five thousand

和訳 ① 100

② 2,000

③ 2,050

④ 5,000

⑤ 28,000

⑥ 105,000

❗ 大きな数の単位は混乱しがちなので、英語の数の言い方に慣れておく
こと。世界全体で one hundred and five thousand species（105,000
種）の中の、twenty-eight thousand species（28,000種）が絶滅の
危機に瀕しているので、選択肢から⑤を選びます。

問1(b) ⬚26 〜 ⬚31

① alien

② native

③ remove

④ save

和訳 ① 外来の
② 在来の
③ 〜を取り除く
④ 〜を助ける

| 26 : ① | 27 : ② | 28 : ③ | 29 : ② | 30 : ① | 31 : ③ |

❗ ワークシートから、外来種と在来種の関係・状況には2つのパターン
があることをまず確認しましょう。threatening（〜を脅かしている）、
displacing（〜に取って代わりつつある）、harming（〜に害を与えて
いる）、destroying（〜を駆除すること）、removing（〜を駆除するこ
と）、harmonize（調和する）などの状態や行動を表す単語を注意深
く聞き取りながら、何が何を脅かし、何が何と調和するのかといった
ポイントをメモしていくと、関係性が理解しやすくなります。

・・

問1(c)　　32

① The extinction of some dinosaurs is thought to have been caused by
alien animals.
② It is important to protect commercial activities to save the
environment.
③ In New Zealand, the government decided to use sheep dogs to
protect endangered species.
④ The main reason for the extinction of species is human activity.

和訳 ① 恐竜の中には外来生物が原因で絶滅したものがあると考えられています。
② 環境を救うためには、商業活動を保護することが大切です。
③ ニュージーランドでは、政府が絶滅危惧種を保護するため、牧羊犬を活用
することを決定しました。
④ 種の絶滅の主な原因は人間の活動です。

❗ 話の概要を把握しているかどうかを問う問題です。何が動植物を絶滅
の危機に追いやっているのかは、この英文の要点の一つ。人間の活動
の影響については主に前半で言及されています。商業活動などの人為
的なプロセスを経て外来種が持ち込まれ、その結果、自然環境を乱し、
生物を絶滅の危機にさらしているという内容を理解できていれば、正
答が自ずとわかります。

CHAPTER
3
予想問題にチャレンジしよう

139

問2

放送された英文

More and more species are facing extinction now. In 2019, 27 percent of species are listed by IUCN as threatened with extinction. Let's take a look at the boxes below. These boxes show some animal groups and the number of critically endangered species in each group in 2019.

翻訳 現在、ますます多くの種が絶滅に瀬しています。2019年には27%の種が絶滅危惧種としてIUCNに指定されました。下の表を見てみましょう。この表は、生物グループごとに2019年現在の深刻な絶滅危惧種の数を示しています。

① The reason that mammals have the smallest number of critically endangered species is that they breed strongly.

② Due to global warming, fish have the largest number of critically endangered species.

③ Even if the New Zealand's government's attempt works, the number of critically endangered fish species will exceed 500 soon.

④ One native bird in New Zealand is counted among the 224 in the box for critically endangered bird species.

和訳 ① 深刻な絶滅危惧種が哺乳類に最も少ないのは繁殖力が高いからである。
② 地球温暖化のせいで、魚類には深刻な絶滅危惧種が最も多い。
③ ニュージーランド政府の努力にもかかわらず、魚類における深刻な絶滅危惧種はもうすぐ500種を超える。
④ ニュージーランドの在来種のある鳥は、深刻な絶滅危惧種の鳥類の欄に示された224種のうちの一つに数えられる。

❗ 講義内容を念頭に、選択肢の英文を読みましょう。講義内で breed strongly（繁殖力が高い）と説明されているのは哺乳類ではなくアルゼンチンアリなので、選択肢①は不正解。また、選択肢②と③の魚類については講義で言及されていません。ニュージーランドの在来種の Kakapo（フクロウオウム）が深刻な絶滅危惧種に指定されているという講義内容に合う選択肢④が正解になります。

CHAPTER 3 予想問題にチャレンジしよう

SECTION 13

第6問 解答と解説

第6問A

解答 34 : ④   35 : ④

✓ 解説

放送された英文

Mika: Did you know the convenience store near the beach is closed during the midnight hours?
Dan: Yeah. When I went there around four o'clock, it was closed. It's very inconvenient.
Mika: You often used the shop on your way to go fishing early in the morning.
Dan: If it's closed, I have to prepare my own breakfast and drink beforehand.
Mika: I think keeping the store open around the clock wasn't profitable.
Dan: However, an article I read before said people tend not to use such stores during the day. I guess those stores lose the image of being convenient. That image is very important for business.
Mika: However, public opinion is against having midnight shifts these days. My opinion is the same. More and more companies have to reconsider their employees' working style or else they get labeled bad companies.
Dan: Then they cannot call their store a "convenience" store anymore.
Mika: Hey, times are changing.

和訳 ミカ：ビーチの近くのコンビニエンスストアは、夜中は閉まっているって知ってた？
ダン：うん。4時ごろに行ったとき閉まっていたよ。とても不便だね。

ミカ：あの店、あなたが早朝釣りに行く途中によく使っていたものね。

ダン：あの店が閉まっていると、朝食や飲み物を自分で事前に用意しなくちゃいけないんだ。

ミカ：店を24時間営業にしておくのは利益にならなかったんだと思うわ。

ダン：だけど以前読んだ記事には、そんな店にはみんな昼間は行かない傾向があるって書いてあったよ。そういう店は便利な印象がなくなるんじゃないかな。そうした印象ってビジネスにはすごく重要だよ。

ミカ：でも最近の世論は深夜勤務をすることに反対しているわ。私の意見も同じよ。ますます多くの企業が従業員の働き方を見直さなければならないし、そうしないとブラック企業のレッテルを張られるから。

ダン：それなら、もう「コンビニエンス」ストアとは言えないな。

ミカ：ほら、時代は変わっているのよ。

☐ inconvenient [ìnkənvíːnjənt]	【形】不便な、不都合な	☐ public opinion	世論
☐ on one's way to ~	~しに行く途中で	☐ against [əgénst]	【前】~に反対して、不賛成で
☐ beforehand [bifɔ́ːrhænd]	【副】あらかじめ、事前に	☐ midnight shift	深夜勤務
☐ around the clock	24時間、まる1日中	☐ reconsider [rìːkənsídər]	【動】~を再考する、考え直す
☐ tend not to ~	~をしたがらない、~をしない傾向にある	☐ working style	勤務形態、働き方
		☐ times	時代、時勢

- -

問1　　24

What is Mika's main point?

① There should be more convenience stores.

② Convenience stores should hire a lot more people.

③ Convenience stores should be open all year round.

④ Convenience stores should stop operating late at night.

和訳　ミカの発言の要点は何でしょう？

① もっと多くのコンビニエンスストアが必要だ。

② コンビニエンスストアはもっと多くの人を雇うべきだ。

③ コンビニエンスストアは年中無休であるべきだ。

④ コンビニエンスストアは深夜営業をやめるべきだ。

ミカは3回目の発言でI think keeping the store open around the clock wasn't profitable.（店を24時間営業にしておくのは利益にならなかったんだと思うわ。）と述べ、4回目の発言でHowever, public opinion is against having midnight shifts these days.（でも最近の世論は深夜勤務をすることに反対しているわ。）と世間で深夜営業に異論があることを述べています。コンビニエンスストアの24時間営業を支持するダンに対し、世論を持ち出して意見することで、反対の立場を取っていることがわかります。

問2

What is Dan's main point?
1. Working night shifts should be prohibited.
2. The wages for working during the midnight hours should be much higher.
3. Improving the workers' working style is necessary.
4. Staying open around the clock is essential for convenience stores.

和訳 ダンの主な要点は何でしょう？
1. 深夜勤務は禁止されるべきだ。
2. 夜中の勤務はもっと賃金を高くすべきだ。
3. 従業員の働き方の改善は必要である。
4. 24時間営業はコンビニエンスストアに不可欠だ。

ダンは最初の発言のIt's very inconvenient.（とても不便だね。）から一貫して深夜営業をしないコンビニエンスストアに批判的です。I guess those stores lose the image of being convenient.（そういう店は便利な印象がなくなるんじゃないかな。）、Then they cannot call their store a "convenience" store anymore.（それなら、もう「コンビニエンス」ストアとは言えないな。）など、繰り返し不満を言っていることから、「コンビニエンスストアは便利であるべきだ。24時間営業すべきだ」という考えを持っていることがわかります。

第6問B

解答 36 : ①②③　　37 : ③

✓ 解説

Moderator: As you mentioned, Japanese companies have put profits before anything else for a long time.
Professor Smith: That's right. Japanese companies' development was brought at the expense of even the workers' health and life.
Moderator: I see.
Professor Smith: More than 66 percent of Japanese companies break the Labor Standards Law, and the highest number of cases are related to working hours. However, things are changing in response to public opinion.
Moderator: Uh-ha. Oh, please go ahead.
Aki: Hi, I'm Aki. As you said, some good companies are improving workers' working conditions in response to public opinion. However, I feel there are still lots of cases where workers are treated like slaves. A lot of workers are forced to follow their company's unwritten rules.
Moderator: Ah, usually workers don't resist unreasonable orders at the risk of sacrificing their current status.
Aki: If workers are fired, they will be out of work for a long time in this bad economy.
Professor Smith: And in Japan, working for the same company for many years is regarded as a virtue, so usually people try to play it safe and cling to the same company.
Moderator: I also feel our cultural background has helped

companies take advantage of the relationship between employer and employee.

Ray: Can, can I? ...

Moderator: Sure, go ahead.

Ray: Thanks. I'm Ray. I believe the cause of bad working conditions we face now, like low wages, overwork, and so on, are not companies but each of us who accept them in the pursuit of wealth.

Moderator: Uh-ha.

Ray: If we give up the pursuit of wealth and pursue a just society, these problems will go away. However, we cannot do this, because people want a stable life even if others are poor. We should change this mentality first.

和訳

司会者： お話の通り、日本企業は長年、何よりも利益を優先してきました。

スミス教授：その通りです。従業員の健康や生活すら犠牲にして、日本企業の発展はもたらされたのです。

司会者： なるほど。

スミス教授：66％以上の日本企業が労働基準法に違反しています。もっとも違反が多い事例は労働時間関連です。しかしながら、世論に応えて事態は変化しつつあります。

司会者： なるほど。あ、はい、どうぞお話しください。

アキ： こんにちは。アキといいます。ご指摘の通り、一部の優良な会社は世論に応えて従業員の勤務条件を改善しています。しかし、まだまだ従業員が奴隷のように扱われているケースも多いと感じています。多くの従業員が会社の慣習に従うことを余儀なくされています。

司会者： ええ。たいてい従業員は今の地位を犠牲にする危険を冒して理不尽な命令に抵抗することはしませんね。

アキ： 従業員が解雇されてしまったら、この経済不況の中では、無職の期間が長くなるでしょう。

スミス教授：それに、日本では長年同じ会社で働くことが美徳とされています。だから、みんな安全策をとって同じ会社に固執しようとするのです。

司会者： 我々の文化的背景も、会社が雇用関係を利用する一助になっているように私は感じます。

レイ： あの、いいですか？

司会者： もちろんです、どうぞ。

レイ： ありがとうございます。レイといいます。我々が今直面している低賃金や過剰業務といった劣悪な労働条件の原因は、会社ではなく、富のためにそうした悪条件を受け入れている我々ひとりひとりに

145

あるのだと思います。

司会者： なるほど。

レイ： 富を追い求めるのをやめて公正な社会を追求すれば、このような問題はなくなります。しかし、私たちはこれができません。なぜなら、たとえ他人が貧しかろうと、自分は安定した生活を求めるからです。まず初めにこの考え方から変えるべきです。

□ as you mentioned	おっしゃったように	□ sacrifice [sǽkrifàis]	【動】～を犠牲にする、放棄する、台無しにする
□ profit [práfit]	【名】利益、利益率		
□ at the expense of ～	～を犠牲にして	□ be out of work	失業する
□ the Labor Standards Law	労働基準法	□ be regarded as ～	～とみなされている
□ be related to ～	～に関連している	□ virtue [və́ːrtʃuː]	【名】美徳、長所
□ in response to ～	～に応えて	□ play (it) safe	安全策をとる
□ public opinion	世論	□ cling to ～	～に粘着する、固執する
□ working condition	労働条件	□ take advantage of ～	～をうまく利用する、悪用する
□ be forced to ～	～することを迫られる、余儀なくされる		
□ unwritten	【形】慣習上の、慣例の	□ pursuit [pərs(j)úːt]	【名】追求
		□ pursue [pərs(j)úː]	【動】～を追い求める
□ resist [rizíst]	【動】～に抵抗する	□ just society	公正な社会
□ unreasonable [ʌnríːznəbl]	【形】理不尽な、不合理な		

問1 　36

① Aki

② Moderator

③ Professor Smith

④ Ray

和訳 ① アキ

② 司会者

③ スミス教授

④ レイ

❗ 登場人物が多数出てきますので、名前や論旨のメモを取りながら英文を聞きましょう。ディスカッションでは主に労働基準法を守らない企業側の問題が議論されています。4人の登場人物のうち、司会者、スミス教授、アキは企業側の問題を重視し、スミス教授は企業側の問題に加え、日本社会や文化の問題に触れています。レイは、問題なのは企業側ではなく、雇われる側ひとりひとりの意識が問題だとしています。

問2 　 37

① 劣悪な労働条件の主因は、かつては個人にあったが現在は企業にあることを示す図
② 2012年から2018年にかけて日本の労働者数が増加したことを示す図
③ 日本では企業の66％以上が労働基準法に違反していることを示す図
④ 2018年の国別の労働時間ランキングのトップ3を示す図

❗ 事前に図の内容を読み解き、聞き取った内容と照らし合わせながら正解を導き出しましょう。スミス教授は2回目の発言で、More than 66 percent of Japanese companies break the Labor Standards Law. （66％以上の日本企業が労働基準法に違反しています。）と明言していますので、同様の内容を示す図③を選びます。劣悪な労働条件の主因が時代で変化したという図①のような発言はなく、図②の労働人口や図④の労働時間の国際比較についての言及もありません。

[監修]

安河内 哲也 Yasukochi Tetsuya

一般財団法人実用英語推進機構 代表理事
東進ハイスクール・東進ビジネススクール 英語科講師

1967年福岡県北九州市生まれ、遠賀郡岡垣町育ち。上智大学外国語学部英語学科卒。東進ハイスクール・東進ビジネススクールのネットワーク、各種教育関連機関での講演活動を通じて実用英語教育の普及活動をしている。また、文部科学省の審議会において委員を務めた。言語活動型英語授業を促進するために、各所へのスピーキングテスト、4技能試験の導入に向けて活動中。話せる英語、使える英語を教えることを重視している。子供から大人まで、誰にでもわかるよう難しい用語を使わずに、英語を楽しく教えることで定評がある。予備校や中学・高校での講演のほか、大学での特別講義や、大手メーカーや金融機関でのグローバル化研修、教育委員会主催の教員研修事業の講師も務めている。

きめる！　共通テスト　英語リスニング

staff

監　　修	安河内哲也
編 集 協 力	日本アイアール株式会社、
	有限会社ルーベック、林カオリ
カバーデザイン	野条友史（BALCOLONY.）
本文デザイン	宮嶋章文
校　　正	宮崎史子
データ制作	株式会社 四国写研
印 刷 所	株式会社 リーブルテック

読者アンケートご協力のお願い
※アンケートは予告なく終了する場合がございます。

この度は弊社商品をお買い上げいただき、誠にありがとうございます。本書に関するアンケートにご協力ください。右のQRコードから、アンケートフォームにアクセスすることができます。ご協力いただいた方のなかから抽選でギフト券（500円分）をプレゼントさせていただきます。

アンケート番号：　305100

Gakken

EL

きめる！ **KIMERU SERIES**

［別冊］
英語リスニング **English Listening**

間違いやすい
カタカナ英語 BEST100 ＆
重要会話表現 BEST100

この別冊は取り外せます。矢印の方向にゆっくり引っぱってください。➡

contents
もくじ

SECTION 1　間違いやすいカタカナ英語 BEST 100 ……… 002

SECTION 2　重要会話表現 BEST 100 ………………… 006

買い物の重要会話表現 ………………… 006

電話の重要会話表現 ………………… 007

注意すべき短縮・連音表現 ……………… 008

勧誘の重要応答表現 ………………… 009

道案内・観光の表現 ………………… 010

御礼・謝罪表現 ………………… 011

感情を表す表現 ………………… 012

病気に関する表現 ………………… 014

お店での表現 ………………… 014

乗り物・道案内・観光での表現 ………… 015

SECTION 1

間違いやすいカタカナ英語 BEST 100 🔊 CD2 TRACK 10

日本語のカタカナ語として定着している単語は、実はリスニング問題で一番の難所。カタカナ語の発音にとらわれないように気をつけておきたいですね。リスニング問題でよく出る次の単語が正しく発音できるかどうか、試してみてください。

□	001	accessory	[əksésəri]	アクセサリー
□	002	address	[ǽdres]	アドレス
			▶ [ədrés]と発音する場合もあり。	
□	003	advise	[ədváiz] /	アドバイスをする／
		advice	[ədváis]	アドバイス
□	004	alcohol	[ǽlkəhɔ̀(:)l]	アルコール
□	005	allergy	[ǽlərdʒi]	アレルギー
□	006	amateur	[ǽmətʃùər]	アマチュア
□	007	angle	[ǽŋgl]	アングル
□	008	angel	[éindʒəl]	エンジェル
□	009	antenna	[ænténə]	アンテナ
□	010	apple	[ǽpl]	アップル
□	011	baby	[béibi]	ベビー
□	012	balance	[bǽləns]	バランス
□	013	battery	[bǽtəri]	バッテリー
□	014	beer	[bíər]	ビール
□	015	brush	[brʌ́ʃ]	ブラシ
□	016	bucket	[bʌ́kit]	バケツ
□	017	buffet	[bəféi]	ビュッフェ
□	018	button	[bʌ́tn]	ボタン
□	019	calendar	[kǽləndər]	カレンダー
□	020	career	[kəríər]	キャリア
□	021	centimeter	[séntəmì:tər]	センチメートル

002

	022	channel	[tʃǽnl]	チャンネル
	023	cocoa	[kóukou]	ココア
	024	coffee	[kɔ́(:)fi]	コーヒー
	025	convertible	[kənvə́:rtəbl]	コンバーチブル
	026	delicate	[délikit]	デリケート
	027	dial	[dáiəl]	ダイヤル
	028	dollar	[dálər]	ドル
	029	drama	[drɑ́:mə]	ドラマ
	030	elbow	[élbou]	エルボー
	031	elevator	[éləvèitər]	エレベーター
	032	engineer	[èndʒiníər]	エンジニア
	033	energy	[énədʒi]	エネルギー
	034	escalator	[éskəlèitər]	エスカレーター
	035	Europe	[júərəp]	ヨーロッパ
	036	event	[ivént]	イベント
	037	garage	[gərɑ́:dʒ]	ガレージ

▶[gǽrɑːdʒ]と発音する場合もあり。

	038	genre	[ʒɑ́:nrə]	ジャンル
	039	glass	[glǽs]	ガラス
	040	glove	[glʌ́v]	グローブ
	041	gorilla	[gərílə]	ゴリラ
	042	handle	[hǽndl]	ハンドル
	043	hose	[hóuz]	ホース
	044	hotel	[houtél]	ホテル
	045	humor	[hjú:mər]	ユーモア
	046	idol	[áidl]	アイドル
	047	image	[ímidʒ]	イメージ
	048	iron	[áiərn]	アイロン

☐	049	kilogram	[kíləgræm]	キログラム
☐	050	kilometer	[kilámitər]	キロメートル
☐	051	label	[léibl]	ラベル
☐	052	lady	[léidi]	レディー
☐	053	leisure	[líːʒər]	レジャー
☐	054	loose	[lúːs]	ルーズ
☐	055	major	[méidʒər]	メジャー
☐	056	marathon	[mǽrəθàn]	マラソン
☐	057	model	[mádl]	モデル
☐	058	money	[mʌ́ni]	マネー
☐	059	monitor	[mánitər]	モニター
☐	060	natural	[nǽtʃərl]	ナチュラル
☐	061	oil	[ɔ́il]	オイル
☐	062	orange	[ɔ́(ː)rindʒ]	オレンジ
☐	063	orchestra	[ɔ́ːrkistrə]	オーケストラ
☐	064	organ	[ɔ́ːrgən]	オルガン
☐	065	oven	[ʌ́vn]	オーブン
☐	066	pattern	[pǽtərn]	パターン
☐	067	pioneer	[pàiəníər]	パイオニア
☐	068	pool	[púːl]	プール
☐	069	potato	[pətéitou]	ポテト
☐	070	pound	[páund]	ポンド
☐	071	profile	[próufail]	プロフィール
☐	072	radio	[réidiou]	ラジオ
☐	073	rhythm	[ríðm]	リズム
☐	074	robot	[róubɑt]	ロボット
☐	075	rocket	[rákit]	ロケット
☐	076	salad	[sǽləd]	サラダ

☐	077	scenario	[sinéəriòu]	シナリオ
☐	078	shampoo	[ʃæmpúː]	シャンプー
☐	079	shirt	[ʃə́ːrt]	シャツ
☐	080	stadium	[stéidiəm]	スタジアム
☐	081	steak	[stéik]	ステーキ
☐	082	stereo	[stériòu]	ステレオ
☐	083	stew	[st(j)úː]	シチュー
☐	084	sticker	[stíkər]	ステッカー
☐	085	strike	[stráik]	ストライキ
☐	086	studio	[st(j)úːdiòu]	スタジオ
☐	087	style	[stáil]	スタイル
☐	088	sweater	[swétər]	セーター
☐	089	technique	[tekníːk]	テクニック
☐	090	theme	[θíːm]	テーマ
☐	091	towel	[táuəl]	タオル
☐	092	tunnel	[tʌ́nl]	トンネル
☐	093	vaccine	[væksíːn]	ワクチン

▶ [vǽksi()n]と発音する場合もあり。

☐	094	vanilla	[vənílə]	バニラ
☐	095	violin	[vàiəlín]	バイオリン
☐	096	vitamin	[váitəmin]	ビタミン
☐	097	volunteer	[vàləntíər]	ボランティア
☐	098	whistle	[hwísl]	ホイッスル
☐	099	yoghurt	[jóugərt]	ヨーグルト
☐	100	zero	[zíərou]	ゼロ

1

間違いやすいカタカナ英語 BEST 100

SECTION 2 重要会話表現 BEST 100

買い物の重要会話表現 CD2 TRACK 11

001 May I help you?
いらっしゃいませ。
▶「お手伝いしましょうか？」という意味です。

002 Anything else?
他に何かいりますか？

003 Will that be all?
それだけでよろしいですか？
▶レジで、品物がそれですべてかを確認する際によく使われる表現です。

004 Can I try it on?
それを試着してもいいですか？

005 Keep the change.
おつりはとっておいてください。
▶ change は、「小銭」「おつり」という意味です。

006 Do you accept credit cards?
クレジットカードは使えますか？
▶海外では、支払いの際に Cash or credit card? と聞かれることがあります。

007 Can I pay by check?
小切手で支払ってもよろしいですか？
▶ check は「小切手」。

008 How much do I owe you?
おいくらですか？
▶ owe は「〜に対して借りがある」つまり「支払い義務がある」ということ。

006

○ 電話の重要会話表現 🔊 CD2 TRACK 12

009 Could I talk to Mr. Thomson?

トムソンさんをお願いします。

010 The line is busy.

お話し中です。
▶ キャッチホンが入ったときは、I've got another call. と伝えるといいですよ。

011 This is Susan speaking.

こちらはスーザンです。
▶ 「あなたは～ですか？」は、Is this ～? と言います。

012 Mr. Alexander is not in right now.

アレキサンダーはただいま外出中です。
▶ not in の代わりに、out または not available と言うこともあります。

013 May I take a message?

ご伝言を承りましょうか？
▶ Can I leave a message? で「伝言を頼めますか？」。

014 Hold on a second.

しばらく電話を切らずにお待ちください。
▶ a second は「一秒」という意味ですが、「ちょっとの間」という意味でもよく使われます。

015 You are wanted on the phone.

あなたに電話ですよ。
▶ 単に It's for you. と言ってもいいですよ。

016 You have the wrong number.

番号が間違っていますよ。
▶ 近頃は電話番号をメモリーに登録するので、あまり間違うこともないかも？

017 I'll call you back later.

あとで電話をかけ直します。
▶ 「かけ直してください」は、Would [Could] you call me back?。

018 I've got to hang up now.

もう電話を切らなければなりません。
▶ have got to *do* は「*do* しなければならない」(=have to *do*) という意味の口語表現。

重要会話表現 BEST 100

007

019 Please put me through to Mr. Ford.

フォードさんにつないでください。

▶ put A through to B は、内線に用い、「AからBに電話をつなぐ」という意味。

⭕ 注意すべき短縮・連音表現 🔊 CD2 TRACK 13

020 I've already got it.

もう、それをすでに手に入れたよ。

▶ I've は I have の略です。got it の部分はつながって、「ガリッ」のように聞こえます。

021 How's everything going with you?

いろいろと調子はどうですか？

▶ How's は How is の略です。with you の部分はつながって、「ウィヂュ」のように聞こえます。

022 What do you think of it?

それをどう思いますか？

▶ 文頭の疑問詞の What は「ワッ」のように縮まって発音されます。of it は「オヴィッ」のように発音されます。

023 What kind of movies do you like?

どのような種類の映画が好きですか？

▶ What kind of の部分は「ワッカインナ」のように縮まって聞こえます。

024 Get out of my house right now.

今すぐに私の家から出て行きなさい。

▶ get out of の部分はつながって、「ゲラウロヴ」と聞こえます。

025 Please put them on my desk.

それらを私の机の上に置いてください。

▶ put them の部分は「プッツム」のように詰まって聞こえます。

026 Where did you find it?

それをどこで見つけたの？

▶ Where did you の部分は詰まって「ウェディヂュ」と聞こえます。

008

2

027 Nancy and I were walking in the park.

ナンシーと私は公園を歩いていた。
▶ and Iの部分はつながって、「エナイ」のように聞こえます。

028 Could you please pick it up?

それを拾っていただけますか？
▶ Could youの部分は「クヂュ」のように発音されます。また、pick it upの部分はつながって、「ピキラッ」のように聞こえます。

029 Do I have to send you the report?

レポートをお送りしなくてはいけませんか？
▶ have toの部分は「ハフトゥ」と発音されます。has toの場合は「ハストゥ」と発音されます。send youの部分はつながって、「センヂュ」のように聞こえます。

○ 勧誘の重要応答表現 🔊 CD2 TRACK 14

030 Would you like to come to the party next Saturday night?

次の土曜の晩にパーティーに来ませんか？

031 I'd be glad to. / Thank you for asking, but I have other plans.

喜んで伺います。／呼んでくれてありがとう、でも別の予定があるんだ。
▶ I'd be glad to. や I'd love to. は「喜んで」という意味で、快い受諾を表します。

032 Why don't you call his house to check if he's there?

彼の家に電話をかけて、いるかどうか確かめてみたら？
▶ Why don't you do? は「do してはどうですか?」という意味の提案の表現です。

033 All right, I'll do so. / Well, I don't think it's a good idea.

うん、そうしてみる。／うーん、あまりよい考えだとは思わないな。
▶ bad と言うより、not (...) good と言うほうが相手の気持ちを害しにくいですよ。

重要会話表現 BEST 100

009

034 Would it be possible to have the party at your house?

パーティーを君の家でやることはできるかな?

▶ Is it ～?と言ってもいいですが、Would it be ～?のほうが"ダメかもしれないけど、もしかして"という控えめな印象を与えます。

035 Yes, I think it would be all right. / No, my parents would be mad.

うん、大丈夫だと思うよ。/ いいや、親が怒っちゃうよ。

▶ このように、wouldやcouldという過去形の助動詞を使うと控えめな表現になります。

036 Would you mind helping me carry this heavy box?

この重い箱を運ぶのを手伝っていただけますか?

▶ Would you mind *doing*? は「*do*していただけませんか?」という丁寧な依頼の表現です。Sure!「喜んで!」などと言うと、さわやかな受け答えに聞こえますよ。断るときは、Sorry. My hands are full. などのように理由も添えるといいですね。

037 No, not at all. / Actually yes. I have a pain in my back.

はい、かまいませんよ。/ すみませんが、腰が痛いので。

▶ Would you mind ～?に対して yes と答えるのは否定の応答です。

⭕ 道案内・観光の表現 🔊 CD2 TRACK 15

038 You can't miss it.

すぐにわかりますよ。

▶ miss ～「～を逃がす」。「逃がすはずがないよ」という意味のシャレた言い回しです。

039 Turn left at the next corner.

次の角で左に曲がってください。

▶ 道案内では右・左とともに、何番目の角かもしっかり伝えてあげると親切です。

040 I'm sorry, but I'm a stranger here.

申し訳ありませんが、この辺りの地理はよくわかりません。

▶ 自分はこの土地に初めて来た者だ、ということを示す表現です。

010

2

□ 041 **Could you show me the way to the station?**

駅に行く道を教えていただけますか？
▶ Could you ～？は丁寧に依頼をする際によく使う表現です。

□ 042 **Go straight down the street.**

通りをまっすぐ進んでください。

□ 043 **The bank is next to the flower shop across the street.**

銀行は通りを横切って花屋の隣にあります。
▶ next to ～「～ の 隣 に」、across～「～を横切って、～の向こう側に」。

□ 044 **Please take the No. 6 bus and get off at the third stop.**

6番バスに乗って3つ目の停留所で降りてください。
▶「降りる」は get off、「乗る」は get on、または take でもいいです。

□ 045 **It takes about 2 hours to the park from here by car.**

ここからその公園まで車で約2時間かかります。
▶時間が「かかる」という場合の動詞は take です。

□ 046 **Traffic is very heavy this morning on East Highway.**

東幹線道路は今朝、交通量がとても多いです。
▶「交通量が多い」は traffic is heavy と言います。

⭕ 御礼・謝罪表現 🔊 CD2 TRACK 16

□ 047 **I'm sorry to have kept you waiting.**

待たせてごめんなさい。
▶待たせたのは、主節よりも前から続く出来事なので、完了不定詞（to have 過去分詞）が使われます。

□ 048 **That's all right.**

別にいいんですよ。

□ 049 **It's my fault.**

私が悪いんです。
▶「あなたが悪い」は your fault、「彼が悪い」his fault。

□ 050 **Thanks a lot.**

どうもありがとう。
▶ Thank you very much. と同じ意味ですが、このような言い方もします。

□ 051 **Thank you just the same.**

とにかくありがとう。

重要会話表現 BEST 100

011

052 Thank you anyway.

とにかくありがとう。
▶ ~ just the same. も ~ anyway. も、希望通りにはならなかったけれど相手にお礼を言うときの言い方。

053 It's very kind of you.

ご親切にありがとうございます。
▶ kind の代わりに nice「親切な」、generous「気前がいい、寛大な」などを入れて、感謝の気持ちを表すこともあります。

054 I appreciate your kindness.

ご親切に感謝します。
▶ 非常に丁寧なお礼の言い方です。

055 You are welcome.

どういたしまして。
▶ いちばんシンプルでスタンダードな表現です。

056 The pleasure is mine.

どういたしまして。

057 It's my pleasure.

どういたしまして。

058 Don't mention it.

どういたしまして。
▶ 「お礼なんて言わなくていいよ」という意味です。

059 Please excuse me for my rudeness.

私の無礼をお許しください。
▶ これを言わなくていいよう、礼儀をわきまえていると安心ですね。特に外国の方と接するときは、相手のことをきちんと知ろうとするとコミュニケーションもスムーズになりやすいですね。

⭕ 感情を表す表現 🔊 CD2 TRACK 17

060 I'll miss you.

あなたがいないと寂しくなります。
▶ miss という動詞には「～がいなくて寂しい」という意味があります。

061 No kidding!

冗談でしょう！
▶ (I'm) just kidding！は「冗談だよ！」という意味。

062 I know just how you feel.

心中お察しいたします。

012

063 Cheer up!

元気を出して！
▶ 本当に元気のない相手は、そっとしておいてほしいかもしれませんが…。

064 None of your business.

余計な世話をしないでくれ。

065 It is none of your business.

余計な世話をしないでくれ。

066 Mind your own business.

余計な世話をしないでくれ。
▶ mind という動詞は「~を気にする」という意味。

067 Leave me alone.

ほっといてくれ。
▶ alone は「一人に、一人で」という意味です。「ほっといてあげて」は Leave him [her] alone.

068 That's too bad.

お気の毒に。
▶ 単に Too bad. と言ってもいいです。

069 Are you sad? — Far from it.

悲しいのですか？ーとんでもない。
▶ far from ~「~から遠い」。

070 Never mind.

気にしないで。
▶ 日本語の「ドンマイ」(Don't mind.) は普通は使いませんよ。

071 I didn't mean it.

そんなつもりではなかったのですが。
▶ この場合の mean は「~を意図する、~のつもりで言う」という意味。

072 Congratulations on passing your entrance examination.

入学試験合格、本当におめでとう。
▶「~おめでとう」は Congratulations on ~. と言います。メールなどカジュアルな表現では、Congrats と略すこともあります。

2

重要会話表現 BEST 100

013

〇 病気に関する表現 🔊 CD2 TRACK 18

073 What's the matter with you?

どうしたのですか？
▶「どうかしているんじゃないの？」と相手を非難する意味でも使われるので、言い方や前後の文脈に注意。

074 What's wrong?

どうしたのですか？

075 You look pale.

顔色がすぐれませんね。
▶ pale は「青ざめている」。「具合が悪そうです」は You don't look very good. などと言います。

076 I don't have any appetite.

食欲がないんです。
▶ appetite は「食欲」。前菜のことを appetiser と言いますね。

077 I think you should see a doctor.

医者に行った方がいいと思う。

078 Take care of yourself.

どうぞお大事に。

〇 お店での表現 🔊 CD2 TRACK 19

079 What can I do for you?

ご用を伺いましょうか？

080 I'm just looking around, thank you.

ただ見ているだけです、ありがとう。
▶ Just looking. だけでも通じます。

081 Have you been waited on?

お客様、ご用は承っておりますか？
▶ wait on ～ で「～に応対する」。waiter / waitress は「応対する人」ということですね。

082 Are you being served?

お客様、ご用は承っておりますか？
▶ この表現は、飲食店などで使われます。

083 A hundred yen will do.

100円で足ります。
▶ ～ will do で「～で足りる、～で OK だ」。

2

084 Let's split the bill.

割り勘にしましょう。
▶ bill は「請求書」。"請求書を人数分に分けよう" という意味です。

085 Could you give me a little discount?

もう少し安くなりませんか？

086 This is on me.

これは私のおごりです。
▶ on the house だと「店のおごりで」ということです。

087 May I try this on?

これを着てみてもいいですか？
▶ try ～ on「～を試着する」。

088 I'd like to do some shopping.

少し買い物をしたいです。
▶ I'd like to do で「do したいです」。丁寧な表現ですが、いつでも使えますよ。

089 I wonder if I can get a refund for this.

これを払い戻ししていただけますか？
▶ I wonder if SV. で「～でしょうか」。

090 That's it.

それだけで結構です。
▶「それで全部です」という意味。買い物の終わりに使う表現ですね。

⬤ 乗り物・道案内・観光での表現 🔊 CD2 TRACK 20

091 Could you show me the way to the station?

駅へ行く道を教えていただけませんか？
▶ show me the way to ～「～へ行く道を私に教える」。

092 It's a white building. You can't miss it.

白いビルです。すぐ見つかります。
▶ You can't miss it. は「見逃すはずないですよ」という意味ですね。

093 Here we are.

さあ、着いたよ。
▶ Here you are. は何かを手渡すときに「どうぞ」という意味で使う表現です。

094 I'm a stranger here.

この辺りの地理はよくわかりません。

重要会話表現 BEST 100

015

095	I know my way around here.	この辺はよく知っています。
096	How many times do you have to change trains to get there?	そこへ行くのに、電車を何回乗り換えなくてはならないのですか？ ▶「電車の乗り換えをする」は change trains。
097	What's the round-trip fare to Tokyo?	東京駅まで往復いくらですか？ ▶「片道の」は one-way です。
098	Is this your first visit to Tokyo?	東京へいらっしゃったのは今回が初めてですか？
099	Would you please give me a ride to the station?	駅まで車で送っていただけませんか？
100	Is this seat taken?	この席は誰かいますか？